IRMI HOFMANN

Kartoffel-Schmankerl

Die besten Kartoffelgerichte
zwischen Isar, Inn und dem Bayerischen Wald

SüdOst Verlag

Die Deutsche Bibliothek – CIP Einheitsaufnahme
Hofmann, Irmi:
Kartoffel-Schmankerl : Die besten Kartoffelgerichte zwischen Isar, Inn und dem Bayerischen Wald /
Irmi Hofmann.
- Waldkirchen : SüdOst-Verl., 2002
ISBN 3-89682-076-1

Bildnachweis:
Titelbild: ...
Aug Foto Studio: Seite 49
CMA: Seiten 5, 13, 16, 58, 64, 85, 93, 109, 127,
Food Promotion, München: Seiten 11, 21, 31, 33, 63, 73, 91, 117, 119, 125, 132, 134
InForm Verlags Service: Seiten 15, 19, 25, 35, 37, 43, 47, 71, 82, 87, 100, 137,
140, 145, 148, 157,
Karl-Heinz Paulus: Seite 115
Das Kartoffelmuseum, München, Otto Eckart Stiftung: Seiten 23, 28, 33, 51, 78, 84, 88, 97, 99, 104,
106, 109, 113, 121, 152,

ISBN 3-89682-076-1

www.südost-verlag.de

„Morgens rund,
mittags gestampft,
abends in Scheiben,
dabei soll's bleiben,
das ist gesund.“

Johann Wolfgang von Goethe

Zur Zeit unseres großen deutschen Dichters war die Kartoffel wichtiges Grundnahrungsmittel und half zu allen Tageszeiten, den Hunger zu stillen. Die gesundheitsfördernde Wirkung der Kartoffel war zu Zeiten Goethes schon erkannt und wird heute von Ernährungsberatern mit Nachdruck in unser (Gesundheits-)Bewusstsein gerückt.

War die Kartoffel früher als „Arme-Leute-Essen“ oder Dickmacher geächtet, so wird sie in unserer Zeit wegen ihres Gehalts an hochwertigem Eiweiß, an Vitaminen, Mineralstoffen und Spurenelementen geschätzt. Mit rund 80 Prozent Wasseranteil und 85 kcal/100 g (geschält) wird die Kartoffel heute als gesund, leicht verdaulich und schlank machend gepriesen.

Dass die Kartoffel aus Südamerika stammt und von den Eroberern und Seefahrern im 16. Jahrhundert nach Europa gebracht wurde, dass sie – außer in botanischen Gärten – Mühe hatte, sich durchzusetzen, kann man heute angesichts unserer ausgedehnten Kartoffelfelder zwischen Isar, Inn und dem Bayerischen Wald kaum mehr glauben. Preußenkönig Friedrich der Große musste seine Untertanen nach einer Getreidemissernte noch zwingen, Kartoffeln anzubauen. So groß war damals die Skepsis der Menschen gegenüber dieser neuen Feldfrucht.

Heute sind Kartoffelgerichte nicht mehr von den Speisekarten weg zu denken. In jeder Familie gibt es Lieblings-Kartoffelgerichte, und geradezu überwältigend war die Reaktion der Hörerinnen und Hörer auf den Rezeptwettbewerb von „unserRadio“. Es war nicht leicht, eine Auswahl unter der Fülle der eingesandten Rezepte zu treffen. Jeder Einsender ist von seinem Lieblingsrezept überzeugt und steht mit seinem Namen dafür ein. Herzlichen Dank allen Einsendern!

Kaum ein Nahrungsmittel lässt sich so vielfältig und abwechslungsreich zubereiten wie die Kartoffel. Hat die ideenreiche Hausfrau oder der kreative Hausmann Kartoffeln – und dieses Buch – im Haus, so braucht es nicht viel, um rasch eine vollwertige Hauptspeise, einen herzhaften Eintopf, einen schmackhaften Auflauf, eine fantasievolle Kartoffelpfanne, ein deftiges Reindlgericht oder ein raffiniertes kleines Gaumentratzerl zu zaubern.

Kartoffelgerichte gehören zur traditionsreichen Lebenskultur in Bayern. Lassen Sie sich anregen zum Studieren und Ausprobieren der fantasievollen, vielseitigen und schmackhaften Rezepte der Hörerinnen und Hörer von „unserRadio“.

Was probieren Sie zuerst?

Salate und kleine Kartoffelgerichte
Herzhafte Eintöpfe und Suppen
Schmackhafte Aufläufe
Pfannen- und Reindlgerichte
Vollwertige Hauptspeisen
Fantasievolle Beilagen
Gebäck, süß oder pikant

Gutes Gelingen, einen gesegneten Appetit und eine freundliche Tafelrunde

wünscht Ihnen

Toni Hofmann

Inhalt

Salate und kleine Kartoffelgerichte

Herzhafte Eintöpfe und Suppen

Schmackhafte Aufläufe

Pfannen- und Reindlgerichte

Vollwertige Hauptspeisen

Fantasievolle Beilagen

Gebäck, süß oder pikant

Pikanter Kartoffelkuchen

Rezept Seite 32

Salate und kleine Kartoffelgerichte

Basilikum-Käse-Kartoffeln

Zutaten:
1 kg mittelgroße Frühkartoffeln
2 Bund Basilikum
100 g Emmentaler, gerieben
ca. 6 EL Rapsöl oder Olivenöl
Salz, Pfeffer
3-4 Knoblauchzehen
Meersalz zum Bestreuen

Zubereitung:
Kartoffeln unter fließendem Wasser abbürsten, der Länge nach halbieren und mit der Schnittfläche auf ein gefettetes Backblech legen. Im vorgeheizten Ofen bei 200 Grad etwa 30 Minuten backen (je nach Größe und Frische der Kartoffeln).

Basilikum waschen, trocken schütteln und fein hacken. Mit dem geriebenen Käse und Öl vermengen, bis eine zähe Masse entsteht. Mit Salz und Pfeffer würzen. Knoblauch schälen und in dünne Scheiben schneiden. Vorgegarte Kartoffeln auf dem Blech umdrehen und die Schnittfläche jeweils mit zwei Scheibchen Knoblauch belegen und mit einem Teelöffel der Basilikum-Käse-Öl-Mischung bestreichen. Im vorgeheizten Backofen bei 200 Grad weitere 5-10 Minuten überbacken. Vor dem Servieren mit grobem Meersalz bestreuen.

Rosina Pauli, Graben 38 a, 94065 Waldkirchen

Erdäpfelkas

Zutaten:

500 g frisch gekochte Kartoffeln
2 kleine Zwiebeln
ca. 125 g Sauerrahm
ca. 125 g süße Sahne
Salz, frisch gemahlener Pfeffer
Schnittlauch oder Knoblauch nach Belieben

Zubereitung:

Die geschälten, heißen Kartoffeln durch die Kartoffelpresse drücken. Zwiebeln fein würfeln, Schnittlauch in kurze Röllchen schneiden. Nach Belieben Knoblauch durch die Knoblauchpresse drücken und mit Zwiebeln und Schnittlauch zu den Kartoffeln geben. Kartoffelmasse mit Sauerrahm und Sahne glatt rühren und mit Salz und frisch gemahlenem Pfeffer abschmecken.

Gisela Fischer, Wührhügel 1, 94110 Wegscheid

Erdäpfelkas mit Zwiebelröhren

Zutaten:

6 mittelgroße gekochte Kartoffeln vom Vortag
1-2 Zwiebeln
Salz, Pfeffer
ca. 2-3 Becher Sauerrahm
ca. 1 Becher Schlagsahne
Schnittlauch
zarte, junge Zwiebelröhren

Zubereitung:

Kartoffeln vom Vortag durch ein Kartoffelgitter reiben. Fein geschnittene Zwiebeln, Salz, Pfeffer, Sauerrahm und Schlagsahne nach und nach zugeben, bis eine gut streichfähige Masse entstanden ist. Die Kartoffelmasse sollte nicht zu flüssig und nicht zu fest sein. Schnittlauch und Zwiebelröhren fein schneiden und unter den Erdäpfelkas mengen. Diesen in eine Schüssel füllen und mit Schnittlauch und Zwiebelröhren nach Belieben verzieren.

Luise Eder, Aschberg 1A, 94142 Fürsteneck

Frühkartoffel-Cocktail

Zutaten:
400 g gekochte Frühkartoffeln
3 hart gekochte Eier
1 Glas Tomatenpaprika
1 Glas Sellerie

Marinade:
4 EL Öl
3 EL Essig
Salz, Zucker, Pfeffer
½ Bund Petersilie oder Schnittlauch, fein gehackt

Zubereitung:
Kartoffeln und Eier schälen und in Scheiben schneiden. Tomatenpaprika und Sellerie abtropfen lassen und in Würfel bzw. Streifen schneiden. Alle Zutaten in einer Schüssel mischen.

Für die Marinade Öl, Essig, Salz, Zucker und Pfeffer gut verrühren und abschmecken. Petersilie oder Schnittlauch untermengen und die Marinade über den Cocktail gießen. Im Kühlschrank mindestens 30 Minuten ziehen lassen.

Dazu schmeckt frisches Stangenweißbrot.

Ella Reitberger, Gartenweg 1, 94142 Fürsteneck

Gefüllte Kartoffeln

Zutaten:
6-8 mittelgroße Kartoffeln
1 Stück Cabanossi
1 rote Paprikaschote
1 Becher saure Sahne
Salz, Pfeffer, Rosenpaprika
Petersilie, fein gehackt
Alufolie zum Einwickeln

Zubereitung:
Kartoffeln waschen, in Salzwasser gar kochen, dann abkühlen lassen. Cabanossi und gewaschene, geputzte Paprikaschote fein würfeln. Saure Sahne mit Salz, Pfeffer, Paprika und Petersilie gut würzen.

Abgekühlte Kartoffeln halbieren, bis auf einen Rand von ca. 1 Zentimeter aushöhlen. Ausgehöhlte Kartoffelmasse mit einer Gabel zerdrücken und mit Cabanossi- und Paprikawürfeln zur Sahnemasse geben. Die Kartoffelhälften damit füllen, einzeln in Alufolie wickeln und im vorgeheizten Backofen bei ca. 200 Grad etwa 15-20 Minuten backen.

Ohne Angabe des Einsenders

Gurken-Kartoffel-Salat

Zutaten:
1 kg fest kochende Kartoffeln
½ Salatgurke
ca. ½ l heiße Gemüsebrühe
ca. 1 TL mittelscharfer Senf
Essig, Öl
Salz, Pfeffer, Zucker
Salatkräuter, fein gehackt, nach Belieben

Zubereitung:
Kartoffeln in der Schale kochen, etwas abkühlen lassen, pellen und in Scheiben schneiden. Salatgurke schälen. Falls diese unbehandelt ist oder aus dem eigenen Garten stammt, auch mit Schale in Scheiben hobeln, salzen und ziehen lassen.

Brühe mit Senf, Essig und Öl zu einer Marinade verquirlen, mit Salz, Pfeffer und Zucker würzen. Salatkräuter nach Belieben untermengen und die noch warmen Kartoffelscheiben in einer großen Schüssel mit der Marinade vermengen. Immer nur so viel Marinade zugeben, wie die Kartoffeln aufnehmen können, da die Gurkenscheiben noch Wasser ziehen. Gurkenscheiben ausdrücken und zum Kartoffelsalat geben. Alles gut vermengen und abschließend abschmecken.

Claudia Märzendorfer, Wexelbergerstraße 13, 94060 Pocking

Kartoffel-Bismarck-Salat

Zutaten:
500 g gekochte Kartoffeln
1 ungeschälter Apfel
2 hart gekochte Eier
100 g Hartkäse
2 Essiggurken
1½ Becher Natur-Joghurt
2 EL Mayonnaise
Zitronensaft
Salz, Pfeffer
2 klein geschnittene Bismarckheringe

Zubereitung:
Kartoffeln schälen und in Würfel schneiden, Äpfel, Eier, Hartkäse und Essiggurken ebenfalls würfeln und mit den Kartoffeln locker vermischen.

Joghurt mit Mayonnaise, Zitronensaft, Salz, Pfeffer verrühren und die klein geschnittenen Bismarckheringe unterheben. Die Soße vorsichtig mit dem Kartoffelsalat mischen.
Etwa eine Stunde durchziehen lassen.

Doris Drexler, Waldschmidtstraße 6, 94034 Passau

Kartoffel-Lachs-Waffeln

Zutaten:
100 g Kartoffeln
100 g Weizenmehl, Type 405
5 Eier
Salz, Pfeffer
100 g Räucherlachs

Zubereitung:
Kartoffeln schälen, waschen und reiben. Mit Mehl und Eiern vermengen, salzen und pfeffern. Räucherlachs mit dem Pürierstab pürieren und unter die Masse rühren, dann den Teig ca. 10 Minuten zugedeckt ruhen lassen.

Das Waffeleisen vorheizen, gut fetten und aus dem Teig portionsweise Waffeln backen.

Maria Anthofer,
Königschaldinger Straße 32,
94036 Passau

Kartoffelpflanzerl

Zutaten:

800 g mehlige gekochte Kartoffeln
50 g durchwachsener Speck
2 große Zwiebeln
100 g Weizen- oder Vollkornmehl
2 Eier
1 TL Salz
1 Msp. weißer Pfeffer
½ TL getrockneter oder 2 TL frischer Majoran
5 EL Semmelbrösel
3 EL Öl

Zubereitung:

Speck würfeln, Zwiebeln schälen und fein hacken. Speck in einer Pfanne ausbraten, die Zwiebeln darin glasig werden lassen. Kartoffeln reiben oder durch eine Kartoffelpresse drücken und mit der Speck-Zwiebel-Masse mischen. Mehl, Eier, Salz, Pfeffer und Majoran unter die Kartoffelmasse mengen und alles zu einem geschmeidigen Teig verarbeiten.

Aus der Kartoffelmasse ca. 2 cm dicke Pflanzerl formen mit etwa 5 cm Durchmesser.
In Semmelbröseln wenden und im heißen Öl beidseitig knusprig braun braten.

Lisa Weiß, Drosselweg 4, 94113 Tiefenbach

Kartoffeltörtchen

Zutaten:
1 kg mehlig kochende Kartoffeln
⅛ l Milch
4 EL Sahne
50 g Butterschmalz
Salz
1 Prise Muskatnuss
Fett für das Blech

Belag:
3 EL getrocknete Waldpilze
oder entsprechend frische Pilze
1 Semmel
200 g Sauerkraut
3 EL Schmand
1 Zwiebel
2 Knoblauchzehen
½ Bund Petersilie
250 g gekochter Schinken
Salz, frisch gemahlener schwarzer Pfeffer
1 Ei
2 EL Parmesan
50 g Butter
1 Petersiliensträußchen zum Garnieren

Zubereitung:
Für den Belag Pilze und Semmel getrennt in Wasser einweichen bzw. frische Pilze putzen und fein schneiden. Kartoffeln in der Schale kochen, pellen, noch heiß durch die Kartoffelpresse drücken. Mit

Milch, Sahne, Butterschmalz, Salz und Muskat vermischen. Die Kartoffelmasse in einen Spritzbeutel füllen und auf ein gefettetes Blech Törtchen mit Rand spritzen. Bei 180 Grad etwa 10 Minuten backen.

In der Zwischenzeit Sauerkraut abtropfen lassen, fein hacken und mit dem Schmand vermengen.
Zwiebel und Knoblauchzehen pellen und fein hacken. Petersilie waschen und hacken. Die eingeweichten Pilze fein schneiden, die Semmel gut ausdrücken. Schinken in kleine Würfel schneiden. Pilze, Semmel, Zwiebel, Knoblauch, Petersilie, Schinken, Ei sowie Salz und Pfeffer nach Geschmack gut miteinander vermengen.

Auf die vorgebackenen Kartoffeltörtchen etwas Sauerkraut und darauf die Schinkenmasse geben. Parmesan darüber streuen und Butterflöckchen darauf verteilen. Im vorgeheizten Ofen bei 180 Grad etwa 10-15 Minuten überbacken. Auf einer Platte anrichten und mit Petersilie garnieren.

Carolin Huber, Trautmannsried 7 a, 93471 Arnbruck

Kartoffelsalat „Gran Canaria“

Zutaten:

1 kg fest kochende Kartoffeln
2 Zwiebeln (evtl. rote Gemüsezwiebeln)
1 kleines Glas grüne Oliven, entsteint
2 Dosen Thunfisch ohne Öl

Marinade:

ca. 0,25 l Gemüsebrühe
2 EL Zitronensaft
Essig, Öl nach Geschmack
Salz, Pfeffer, etwas Zucker

Zubereitung:

Kartoffeln kochen, pellen und in Würfel schneiden. Zwiebeln fein würfeln, Oliven abtropfen lassen und fein schneiden. Thunfisch mit einer Gabel zerkleinern. Alle Zutaten in einer großen Schüssel mischen.

Zur Herstellung der Marinade die Gemüsebrühe mit Zitronensaft, Essig und Öl verquirlen, mit Salz, Pfeffer und Zucker würzen. Marinade über die Kartoffelmischung geben, vorsichtig durchmengen und pikant abschmecken. Salat mindestens 2 Stunden im Kühlschrank ziehen lassen, aber nicht zu kalt servieren.

Annette Weishäupl-Keim, Am Hochpegel 9, 94034 Passau

Kartoffelsalat mit Speck und Endivie

Zutaten:

750 g fest kochende Kartoffeln
⅛ l heiße Fleisch- oder Gemüsebrühe
4 EL Weinessig
4 EL Salatöl
1 TL Meerrettich
1 Zwiebel
75 g Frühstücksspeck
½ Kopf Endiviensalat
Pfeffer aus der Mühle
Salz, Zucker

Zubereitung:

Kartoffeln kochen, etwas abkühlen lassen, pellen und in dünne Scheiben schneiden. Die heiße Brühe mit Essig, Öl und Meerrettich vermischen und über die Kartoffelscheiben gießen.

Zwiebel und Speck fein würfeln und in einer Pfanne glasig braten. Die etwas abgekühlte Mischung unter den Kartoffelsalat geben. Endiviensalat putzen, waschen und in feine Streifen schneiden. Kurz vor dem Servieren Endivienstreifen unter den Salat heben und nach Bedarf mit Pfeffer, Salz und Zucker abschmecken.

Ella Reitberger, Gartenweg 1, 94142 Fürsteneck

Kartoffel-Zwiebelkuchen

Zutaten:
1 kg Kartoffeln
2 Eier
250 g Quark, Rahmstufe
1 Prise Salz
Butter oder Margarine
5 Zwiebeln
200 g Speckwürfelchen
200 g geriebener Käse, Gouda oder Emmentaler
2 Becher Sauerrahm
Fett

Zubereitung:
Kartoffeln schälen, reiben und leicht auspressen. Eier, Quark und Salz zugeben und gründlich vermischen. Fett in einer Pfanne erhitzen und Teig einfüllen. Der Teig soll etwa einen Zentimeter hoch sein. Bei größerer Teigmenge, mehrere große Puffer backen. Die Kartoffelpuffer auf beiden Seiten goldgelb backen.
Fett in einer Pfanne erhitzen, Zwiebeln in Streifen schneiden und mit den Speckwürfeln glasig dünsten. Sauerrahm, Käse, Speckwürfel und Zwiebeln mischen, auf die Puffer streichen und diese im vorgeheizten Rohr bei 200 Grad gratinieren.
Den Kuchen in Stücke schneiden und warm zu Wein servieren. Man kann ihn auch mit einem bunten Salat als Hauptgericht reichen.

Gabriele Dorsch, Kremser Straße, 94032 Passau

Bild Seite 28

Rezept Seite 27

Kräuter-Kartoffel-Salat

Zutaten:
1 kg fest kochende Kartoffeln
ca. 250 ml Salatcreme
1-2 Becher Jogurt
1 TL mittelscharfer Senf
Salz, frisch gemahlener Pfeffer
1 Prise Zucker
1 Schuss Weinessig
1-2 Bund frische Kräuter, fein gehackt
oder 1 P. Tiefkühlkräuter
1 Apfel
2 Zwiebeln
1 Gewürzgurke
2 Tomaten

Zubereitung:
Kartoffeln kochen, abkühlen lassen, pellen, in gleichmäßige Scheiben schneiden und in eine große Schüssel geben.

Aus Salatcreme, Jogurt und Senf eine cremige Soße rühren, mit Salz, Pfeffer, Zucker und Essig abschmecken und mit den Kräutern mischen. Apfel schälen, Apfel, Zwiebeln, Gurke und Tomaten fein würfeln und in die Soße geben. Salatsoße über die Kartoffelscheiben gießen und vorsichtig unterheben. Salat mindestens 1 Stunde ziehen lassen.

Rosmarie Atzinger, Hobelsberg 5, 94143 Grainet

Kräuterküchlein

Zutaten:

500 g mehlig kochende Kartoffeln
75 g Mehl
125 g geriebener Parmesan
1 Ei
1 Prise Muskatnuss
Salz, Pfeffer
1 EL gehackte Petersilie
2 gehackte Salbeiblätter
ca. 80 g gewürfelter Mozzarella
Öl zum Backen

Zubereitung:

Kartoffeln in der Schale kochen, pellen und noch heiß durch die Kartoffelpresse drücken. Die abgekühlte Kartoffelmasse mit Mehl, Parmesankäse und Ei zu einem glatten Teig verarbeiten. Mit Gewürzen und Kräutern abschmecken.

Aus dem Teig mit einem Esslöffel Küchlein formen, in jedes einen Würfel Mozzarella geben und darauf achten, dass der Käsewürfel ganz von Teig umhüllt ist. In heißem Öl von beiden Seiten goldgelb backen.

Josef Huber, Trautmannsried 7 a, 93471 Arnbruck

9. Roh gebratene Kartoffeln.
Die Kartoffeln werden geschält, je nach der Größe
teilt und mit Salz in heißem Fett gebraten.
10. Kartoffeltatschi.

Pikanter Kartoffelkuchen

Zutaten:

800 g mehlig kochende Kartoffeln
60 g weiche Butter
200 g Mehl
1 EL Speisestärke
Salz, frisch gemahlener weißer Pfeffer
1 Prise Muskatnuss
400 g durchwachsener Speck
500 g Sauerkraut
1 EL Butterschmalz
1 TL Kümmel
2 Eigelb
300 g Schmand
Fett für das Blech
200 g Emmentaler
1 Bund Schnittlauch
einige Schnittlauchblüten zum Dekorieren

Zubereitung:

Kartoffeln mit der Schale kochen, pellen und die Hälfte davon durch eine Kartoffelpresse drücken. Die andere Hälfte in Scheiben schneiden. Die durchgepressten Kartoffeln mit Butter, Mehl und Speisestärke vermengen, mit Salz, Pfeffer und Muskatnuss würzen. Teig bis zur Verwendung kalt stellen.

Für den Belag Speck in kleine Würfel schneiden, Sauerkraut abtropfen lassen und zerkleinern. In einem Topf 1 EL Butterschmalz erhitzen und darin den Speck ausbraten. Sauerkraut zufügen, mit Kümmel, Salz und Pfeffer würzen und zusammen 5 Minuten garen. Vom Herd nehmen und etwas abkühlen lassen, dann Eigelb und Schmand einrühren.

Bild Seite 11

Backblech fetten, Kartoffelteig ausrollen, auf das Blech legen und im vorgeheizten Ofen bei ca. 200 Grad 15 Minuten backen. Dann heraus nehmen, mit der Sauerkrautmasse bedecken und mit den Kartoffelscheiben belegen. Käse reiben und darüber streuen. Kuchen weitere 20 Minuten backen.

Schnittlauch in feine Röllchen schneiden und den Kuchen vor dem Servieren mit Schnittlauchröllchen und gewaschenen Schnittlauchblüten dekorieren.

Carolin Huber, Trautmannsried 7 a, 93471 Arnbruck

Pizza-Kartoffeln

Zutaten:

8 große Pellkartoffeln
2 EL Olivenöl
4 EL passierte Tomaten (Sugo)
4 Scheiben gekochter Schinken
4 große Scheiben Käse
2 kleine Zwiebeln nach Belieben
2 Knoblauchzehen
16 große, frische Basilikumblätter
oder etwas gerebeltes Basilikum

Zubereitung:

Kartoffeln pellen, der Länge nach halbieren und die Unterseite etwas flach schneiden, damit sie gut auf dem Backblech liegen.

Passierte Tomaten mit Olivenöl verrühren und die Kartoffelhälften damit bestreichen. Schinkenscheiben vierteln und die Kartoffeln damit belegen. Knoblauch und Zwiebeln schälen und in dünne Scheiben bzw. Ringe schneiden. Beides auf den Schinkenscheiben verteilen. Basilikumblätter darauf legen. Käsescheiben vierteln und die Pizzakartoffeln damit belegen. Bei 180-200 Grad etwa 15 Minuten backen.

Claudia Orttenburger, Ringstraße 9, 94081 Fürstenzell

Kartoffelletscho

Rezept Seite 41

Herzhafte Eintöpfe und Suppen

Grüne Kartoffelsuppe

Zutaten:
1 Zwiebel
2 Stangen Lauch
1 EL Butter
750 g Kartoffeln
1 l Fleisch- oder Gemüsebrühe
Salz, Pfeffer
geriebene Muskatnuss
2 EL Sauerrahm
½ TL Speisestärke
100 g Kresse, fein gehackt

Zubereitung:
Zwiebel schälen und fein hacken. Lauch waschen, putzen und in Ringe schneiden. Zwiebel und Lauch in Butter 1-2 Minuten in einem Topf anbraten. Die geschälten, in Stücke geschnittenen Kartoffeln und die Brühe zugeben, würzen und gar kochen.

Suppe pürieren oder durch ein Passiersieb streichen. Falls sie zu dickflüssig ist, noch etwas Brühe zugeben. Saure Sahne mit Speisestärke verrühren und zur Suppe geben. Suppe nochmals kurz erhitzen, abschmecken und die fein gehackte Kresse kurz vor dem Servieren zufügen.

Sigrid Niedernhuber, Schöffau 5, 94094 Rotthalmünster

Kartoffel-Bohnen-Topf

Zutaten:
250 g grüne Bohnen
4 Paprikaschoten
500 g Kartoffeln
2-3 Zwiebeln
3 Knoblauchzehen
2 EL Olivenöl
1 TL Curry
Salz, Pfeffer
ca ½ l Gemüsebrühe
1 EL gehacktes Bohnenkraut
etwas Schmand oder Sauerrahm

Zubereitung:
Bohnen waschen, putzen und in Stücke schneiden. Paprika waschen, putzen und in Streifen schneiden. Kartoffeln schälen und würfeln. Zwiebeln und Knoblauch schälen und fein hacken.

Öl in einem Schmortopf erhitzen, Zwiebeln und Knoblauch hell anschwitzen. Gemüse und Kartoffeln dazu geben, mit Curry, Salz und Pfeffer würzen und Brühe angießen. Bohnenkraut dazu geben und den Eintopf etwa 20 Minuten zugedeckt köcheln lassen. Vor dem Servieren mit etwas Schmand oder Sauerrahm verfeinern.

Ohne Angabe des Einsenders

Kartoffelcremesuppe

Zutaten:
500 g Kartoffeln
2 Lorbeerblätter
1 Zwiebel, fein gewürfelt
¾ l Gemüsebrühe
½ Becher Sahne
200 g geriebener Käse
Salz, Pfeffer
etwas frisch geriebene Muskatnuss
2 EL Schnittlauchröllchen

Zubereitung:
Kartoffeln schälen, waschen und in kleine Würfel schneiden. Gemüsebrühe in einen Topf füllen, Lorbeerblätter, Zwiebelwürfel und Kartoffeln dazu geben und ca. 20 Minuten zugedeckt köcheln.

Die Lorbeerblätter entfernen. Suppe durch ein Sieb passieren oder im Mixer pürieren. Sahne zugeben und Suppe nochmals kurz erhitzen. Mit Salz, Pfeffer und Muskatnuss abschmecken und den geriebenen Käse zugeben. Rühren, bis der Käse geschmolzen ist. Kartoffelcremesuppe vor dem Servieren mit Schnittlauchröllchen garnieren.

Bernadette Staudinger, Am Weitzgraben, 94365 Parkstetten

Kartoffel-Fisch-Suppe

Zutaten:
400 g Kartoffeln
2 Zwiebeln
1 Knoblauchzehe
1 Karotte
1 Petersilienwurzel
¼ Sellerieknolle
300 g Tomaten
6 EL Olivenöl
ca. 800 ml Gemüsebrühe
Salz, Pfeffer
600 g Fischfilet (Lachs, Rotbarsch, Seeteufel)

Zubereitung:
Kartoffeln schälen und würfeln, Zwiebeln und Knoblauch schälen und fein hacken. Karotte, Petersilienwurzel und Sellerie waschen, schaben bzw. schälen und klein schneiden. Tomaten achteln.

Olivenöl in einem Topf erhitzen, Kartoffeln und Zwiebeln darin goldgelb anbraten, Knoblauch und restliches Gemüse zugeben und mit Brühe aufgießen. Suppe 20 Minuten köcheln lassen. Fisch in 2 Zentimeter große Würfel schneiden, in das Gemüse geben und ca. 5 Minuten darin garen lassen. Suppe mit Salz und Pfeffer abschmecken.

Dazu reicht die Einsenderin Baguette.

Marion Lang, Am Dachsberg 32, 85614 Kirchseeon

Kartoffelletscho

(Kartoffel-Paprika-Gulasch)

Zutaten:
500 g Kartoffeln
1 Zwiebel, fein gewürfelt
1 Knoblauchzehe, gehackt
etwas Öl
je 1 rote, gelbe, grüne Paprikaschote
etwas Mehl zum Bestäuben
3-4 Tomaten, gewürfelt, oder passierte Tomaten
Salz, Pfeffer
Paprika, Kümmel
ca. ½ l klare Brühe
Schnittlauch, Petersilie oder Kresse

Zubereitung:
Kartoffeln waschen, schälen und in Würfel oder Scheiben schneiden. In Salzwasser ca. 15 Minuten kochen.

In einem hohen Topf etwas Öl erhitzen, Zwiebelwürfel darin anbraten, Knoblauchzehe zugeben und glasig dünsten. Paprikaschoten waschen, putzen, in Streifen schneiden und zu den Zwiebelwürfeln geben. Mit etwas Mehl bestäuben und anrösten. Tomaten zufügen und untermengen. Kartoffeln abgießen und in den Topf geben. Mit Salz, Pfeffer, Paprika und Kümmel würzen und mit der Brühe aufgießen. Bei schwacher Hitze als Eintopf gar köcheln lassen.
Vor dem Servieren nach Belieben mit Schnittlauch, Petersilie oder Kresse garnieren.
Dazu schmecken Würstchen oder Salat.

Gabriele Pätzold, Harmering 16 ½, 94535 Eging am See
Bild Seite 35

Kartoffel-Pfifferling-Suppe

Zutaten:
250 g frische kleine Pfifferlinge
250 g Kartoffeln
2 EL Butterschmalz
1 große Zwiebel, fein gehackt
ca. ½ l Gemüsebrühe
125 g Tofu, gewürfelt
3 EL Sojasoße
½ TL Basilikum, gerebelt
Salz, Pfeffer, Zucker
4 cl Sherry

Zubereitung:
Pfifferlinge putzen, falls nötig waschen und trocken tupfen. Kartoffeln waschen, schälen und würfeln. Pfifferlinge in einer Schmorpfanne mit hohem Rand in heißem Butterschmalz unter öfterem Wenden ca. 5 Minuten dünsten, dann herausnehmen und beiseite stellen. Zwiebel in das verbliebene Fett geben und kurz anbraten, dann die Kartoffeln dazu geben. Kurz mitrösten, mit der Brühe auffüllen und ca. 15 Minuten köcheln lassen. Tofu in die Suppe geben, aufkochen lassen, dann die Suppe im Mixer pürieren.

Die pürierte Suppe erneut erhitzen, die Pfifferlinge zufügen und mit Sojasoße, Basilikum, Salz, Pfeffer, Zucker und Sherry abschmecken.

Karin Zoidl, Badweg 2, 94051 Hauzenberg

Kartoffel-Pichelsteiner

Zutaten:
1 kg Kartoffeln
1 große Zwiebel, fein gewürfelt
2 EL Butterschmalz
250 g Gulaschfleisch, gemischt
4 Karotten, in Scheiben geschnitten
2 Stangen Lauch, in Ringe geschnitten
ca. 1 l Gemüsebrühe
Salz, Pfeffer
Kümmel, Muskatnuss
Majoran
100 ml Sahne
100 ml Sauerrahm
2 EL fein gehackte Petersilie

Zubereitung:
Kartoffeln schälen, waschen und in gleichmäßige Würfel schneiden. Butterschmalz erhitzen, Zwiebelwürfel darin hell anbraten, Gulaschfleisch zufügen und mitrösten. Karottenscheiben, Lauchringe und Kartoffelwürfel dazu geben und mit der Brühe aufgießen. Mit Gewürzen und Kräutern abschmecken.

Pichelsteiner 30-40 Minuten (je nach Größe der Fleisch- und Kartoffelwürfel) zugedeckt garen. Dann Sahne und Sauerrahm zufügen, nochmals erhitzen und abschmecken. Mit etwas Petersilie bestreut servieren.

Anna Pleischl, Rennweg 5, 94330 Aiterhofen

Lauch-Tomaten-Topf mit Kartoffeln

Zutaten:

3 Stangen Lauch
4 Fleischtomaten
4-6 gegarte Pellkartoffeln
1 große Zwiebel
3 EL Sonnenblumenöl
Salz, Pfeffer
2 Eier
Paprika
4 EL Crème fraîche
2 EL Schnittlauchröllchen

Zubereitung:

Lauch waschen, putzen und in dünne Ringe schneiden. Tomaten überbrühen, häuten, achteln und dabei die Stielansätze entfernen. Kartoffeln pellen und in Scheiben schneiden, Zwiebel schälen und fein hacken.

Öl in einem niedrigen Schmortopf erhitzen, Zwiebelwürfel und Lauch darin anbraten. Kartoffeln dazu geben und unter Wenden einige Minuten anbraten. Tomaten untermengen, alles mit Salz und Pfeffer würzen und ca. 5 Minuten weiter schmoren. Eier mit Paprika, Salz und Crème fraîche verquirlen, unter das Gemüse mischen und im offenen Schmortopf stocken lassen. Hitze etwas reduzieren, damit das Gemüse nicht anbrennt. Mit Schnittlauchröllchen bestreut servieren.

Ohne Angabe des Einsenders

Linsen-Kartoffel-Eintopf

Zutaten:
150 g Linsen
je 3 Piment- und Pfefferkörner
2 Lorbeerblätter
ca. 750 ml Gemüsebrühe
400 g Kartoffeln
200 g Karotten
200 g grüne Bohnen
1 Zwiebel
100 g Sellerie
3 EL Öl
Salz, Pfeffer, Curry
Majoran oder Oregano
Petersilie
2 EL Kräuter- oder Weinessig

Zubereitung:
Linsen über Nacht mit Piment- und Pfefferkörnern in Wasser einweichen.

Kartoffeln und Karotten schälen, klein schneiden, Bohnen putzen und in Stücke schneiden. Zwiebel würfeln, Sellerie putzen und klein schneiden.

Öl erhitzen, Zwiebel anschwitzen, Karotten, Sellerie, Bohnen und Kartoffeln dazu geben und mit der Gemüsebrühe aufgießen. Abgetropfte Linsen dazu geben und mit Gewürzen und Kräutern ca. 20 Minuten garen. Mit Essig abschmecken und mit Kräutern bestreut servieren.

Rezept Seite 48

Ungarische Kartoffelsuppe

Zutaten:
500 g geschälte, gewürfelte Kartoffeln, mittelfest kochend
1 mittelgroße Zwiebel, klein gehackt
1 EL Öl oder Schmalz
Salz
Edelsüßpaprika
Mehl zum Stauben
etwas Majoran
ca. 750 ml Gemüsebrühe
100 ml Sahne

Zubereitung:
Klein gehackte Zwiebel in Öl oder Schmalz glasig dünsten, Kartoffelwürfel dazu geben und ebenfalls anrösten. Mit Salz und Paprika nach Geschmack würzen und kurz weiter rösten. Das Ganze soll eine schöne Farbe bekommen.

Mit Mehl stauben und weiter rösten. Majoran dazu geben und mit Gemüsebrühe aufgießen. Bei mäßiger Hitze gar kochen und vor dem Servieren mit etwas Sahne verfeinern.

Erika Achter, Angerweg 13, 94501 Beutelsbach

Bild Seite 47

Kartoffel-Fenchel-Auflauf Rezept Seite 61

Schmackhafte Aufläufe

Cabanossi-Kartoffelauflauf

Zutaten:

1 kg kleine Kartoffeln
1 Bund Lauchzwiebeln
20 g Butter
20 g Mehl
⅛ l Gemüsebrühe
⅛ l Milch
100 g Sahne-Schmelzkäse
Salz, weißer Pfeffer
1 Stück Cabanossi, ca. 250 g
ca. 50 g geriebener Gouda-Käse
Fett für die Form

Zubereitung:

Kartoffeln waschen, mit Schale garen, pellen und in Scheiben schneiden. Lauchzwiebeln putzen, waschen und schräg in Ringe schneiden.

Butter in einem Topf schmelzen, Mehl darin goldgelb anschwitzen, mit Brühe und Milch abwechselnd ablöschen, aufkochen und etwa 5 Minuten köcheln lassen. Schmelzkäse darin erhitzen, mit Salz und Pfeffer abschmecken.

Cabanossi schräg in Scheiben schneiden, mit Kartoffeln und Lauchzwiebeln in eine gefettete Auflaufform geben und die Käsesoße darüber gießen. Mit geriebenem Käse bestreuen und im vorgeheizten Backofen bei ca. 180 Grad etwa 25-30 Minuten goldgelb backen.

Martina Feicht, Am Setzbach 11, 94474 Vilshofen

„Französische Erdäpfel“

Zutaten:

500 g gekochte Kartoffeln
4 (ungarische) Bratwürste
4 hart gekochte Eier
1 Becher Sauerrahm
⅛ l Milch oder Sahne
Salz, Pfeffer
Butter für die Form

Zubereitung:

Kartoffeln pellen und in ca. ½ Zentimeter dicke Scheiben schneiden. Bratwürste erhitzen, enthäuten und in feine Scheiben schneiden. Gekochte Eier mit dem Eierschneider in Scheiben schneiden.

Kartoffel-, Wurst- und Eierscheiben schichtweise in eine gefettete Auflaufform geben. Sauerrahm mit etwas Milch oder Sahne verquirlen, mit Salz und Pfeffer abschmecken und über den Auflauf gießen. Im vorgeheizten Rohr bei ca. 180 Grad etwa 30 Minuten backen.

Maria Zöls,
Hauptstraße 8,
94127 Neuburg am Inn

Griechischer Kartoffelauflauf

Zutaten:
1 kg Kartoffeln
2 Zwiebeln, fein gewürfelt
3 EL Olivenöl (oder Sonnenblumenöl)
200 g gekochter Schinken, gewürfelt
1 Knoblauchzehe
200 g Feta (griechischer Weichkäse)
1 EL Butter oder Margarine für die Form
200 g Sahne
150 g Crème fraîche
2 Eier
Salz, Pfeffer, Paprikapulver
fein gehackte Petersilie

Zubereitung:
Die gewaschenen Kartoffeln halb gar kochen, pellen und in Scheiben schneiden. Zwiebelwürfel in heißem Öl glasig dünsten, Schinkenwürfel dazu geben und kurz mitbraten. Die Auflaufform mit den angeschnittenen Seiten der Knoblauchzehe ausreiben und einfetten. Die Hälfte des Feta fein zerbröckeln.

Kartoffelscheiben, Feta und Schinken-Zwiebel-Mischung nacheinander in die Form schichten und mit Salz und Pfeffer würzen. Restlichen Feta mit Sahne pürieren, Crème fraîche, Eier, Salz, Pfeffer und Paprikapulver unterrühren und über den Auflauf gießen.
Bei 180 Grad etwa 35 Minuten backen. Vor dem Servieren mit Petersilie bestreuen.

Ilse Scheiber, Gattern 13, A-4784 Schardenberg

Kartoffelauflauf mit Forellenfilet

Zutaten:

750 g fest kochende Kartoffeln
½ Bund Frühlingszwiebeln
1 rote Paprikaschote
100 g geräuchertes Forellenfilet
200 ml Sahne
2 TL klare Brühe
2 EL Weißweinessig
1-2 EL Mehlschwitze, hell
½ Bund Petersilie, fein gehackt
etwas Thymian
Salz
frisch gemahlener Pfeffer
1 EL Keimöl
ca. 50 g geriebener Emmentaler
2 EL Sonnenblumenkerne

Zubereitung:

Kartoffeln waschen, mit Schale kochen, pellen und in Scheiben schneiden. Frühlingszwiebeln putzen, waschen und in Ringe schneiden. Paprikaschote waschen, putzen und in Streifen schneiden. Forellenfilet in Stücke schneiden.

Sahne mit der klaren Brühe, Essig und Mehlschwitze verrühren. Kartoffelscheiben, Frühlingszwiebeln, Paprikastreifen und Forellenstücke dazu geben und vorsichtig mischen. Mit Petersilie, Salz, Pfeffer und Thymian abschmecken.

Eine große flache Auflaufform mit Öl auspinseln, die Kartoffelmischung einfüllen und mit Käse und Sonnenblumenkernen bestreuen. Im vorgeheizten Ofen bei 180-200 Grad etwa 30 Minuten backen.

Monika Gabriel, Moosham 19, 94496 Ortenburg

Kartoffelauflauf mit Ochsenaugen

Zutaten:
ca. 750 g mehlig kochende Kartoffeln
etwas Fleischbrühe zum Kochen
ca. ½ l Milch
2-3 Stangen Lauch
2 EL Butter
Salz, Zucker, Muskatnuss, frisch gemahlen
ca. 200 g geriebenen Käse (Gouda, Emmentaler)
6 Eier

Zubereitung:
Kartoffeln schälen und in Salzwasser oder Brühe weich kochen. Dann mit Milch zu einem Püree verarbeiten. Nach Belieben mit Salz und Muskatnuss würzen. Lauch putzen, waschen, in feine Ringe schneiden und in etwas Butter dünsten. Mit Salz, Zucker und Muskatnuss abschmecken. Lauch mit dem Kartoffelpüree vermengen und die Masse in eine gut gefettete Auflaufform geben. Oberfläche glatt streichen, für die „Ochsenaugen" 6 kleine Vertiefungen eindrücken.

Jedes Ei einzeln vorsichtig auf einem kleinen Teller aufschlagen, damit der Dotter ganz bleibt. Eier in die Mulden auf der Kartoffelmasse geben. Käse darüber streuen und den Auflauf bei 140-150 Grad etwa 25 Minuten backen. Der Käse sollte nicht zu stark bräunen.

Susanne Moehring, Kohlstattstraße 22, 94146 Sonndorf

Kartoffelauflauf „kunterbunt“

Zutaten:

1 kg gekochte Kartoffeln
je 1 rote, gelbe, grüne Paprikaschote
250 g Lauch
1 Zwiebel
Knoblauchzehen nach Belieben
300 g Schinken, klein würfelig geschnitten
100 g geriebener Emmentaler
1 - 2 Becher Sahne
Salz, Pfeffer, Paprikapulver, etwas lösliche Suppenwürze
Olivenöl

Zubereitung:

Paprikaschoten und Lauch waschen, putzen und in Streifen bzw. Lauch in dünne Ringe schneiden.
Zwiebel und Knoblauchzehen fein hacken und in heißem Olivenöl glasig andünsten. Paprikastreifen, Lauchringe und Schinkenwürfel dazu geben und etwa 8 Minuten zusammen dünsten, dann zur Seite stellen.

Kartoffeln in Scheiben schneiden und gut die Hälfte davon in eine Auflaufform schichten, salzen und pfeffern. Zwei Drittel des gedünsteten Gemüses darauf geben, etwas würzen und mit den restlichen Kartoffelscheiben abdecken. Die Kartoffelscheiben ebenfalls salzen und pfeffern und mit dem restlichen Gemüse belegen. Sahne mit löslicher Suppenwürze, Salz, Pfeffer, Paprika abschmecken und über den Auflauf gießen. Mit geriebenem Käse bestreuen und bei 180 Grad ca. 35 - 45 Minuten backen.

Maria Kölbl, Hauptstraße 3 c, Weferting, 94529 Aicha v. W.

Kartoffelauflauf „Sonnenblume“

Zutaten:

1 - 1,5 kg gekochte Kartoffeln, fest kochend
2 Zwiebeln, fein gewürfelt
25 g Butter
500 g Hackfleisch
3 Tomaten
1 Ei
1 Semmel
Salz, Pfeffer, Paprikapulver
gehackte Kräuter nach Geschmack
Fett für die Form
2 EL geriebener Käse

Zubereitung:

Kartoffeln pellen und in 0,5 Zentimeter dicke Scheiben schneiden. Zwiebeln fein würfeln, in Butter andünsten. Tomaten häuten, entkernen und klein schneiden. Hackfleisch mit Zwiebeln, Tomaten, Ei, der eingeweichten und ausgedrückten Semmel, Salz, Pfeffer, Paprika und Kräutern zu einem Teig vermengen. Gut abschmecken.

Eine Springform oder eine runde Auflaufform fetten, mit Kartoffelscheiben schuppenförmig auslegen. Eine Schicht Hackfleisch darauf verteilen, dann wieder mit Kartoffelscheiben belegen, bis die Masse verbraucht ist. Obenauf Kartoffelscheiben wie Blütenblätter legen, mit Käse bestreuen und im heißen Backofen bei ca. 180 Grad etwa 30 - 35 Minuten backen. Die Kartoffeln sollen nicht zerfallen, aber knusprig bräunen.

Elisabeth Achter, Am Bründl 11, 94474 Vilshofen/Alkofen

Kartoffelauflauf mit Wirsing und Rotbarsch in Vollkorn-Senfsoße

Zutaten:

750 g Kartoffeln, fest kochend
2 EL Butter
3 EL Mehl
250 ml Milch
250 ml Gemüsebrühe
5 EL gekörnter Senf
Salz, Pfeffer
geriebene Muskatnuss
1 kleiner Wirsing, ca. 800 g
750 g Rotbarschfilet
Saft von ½ Zitrone
100 g durchwachsener, geräucherter Speck
Fett für die Auflaufform

Zubereitung:

Kartoffeln waschen und in der Schale ca. 20 Minuten garen. Inzwischen Fett in einem mittelgroßen Topf für die Soße erhitzen, Mehl zufügen, kurz anschwitzen und mit Milch und Brühe ablöschen. Die Soße aufkochen, Senf einrühren und mit Salz, Pfeffer und Muskatnuss abschmecken. Backofen auf 200 Grad (Gas: Stufe 3) vorheizen.

Wirsing putzen, in Streifen schneiden und in Salzwasser 5 Minuten blanchieren. Fisch gründlich waschen, trockentupfen, mit Zitronensaft beträufeln, salzen und in große Stücke schneiden. Kartoffeln schälen und in Scheiben schneiden. Speck ebenfalls in dünne Scheiben schneiden.

Ein Auflaufform einfetten. Wirsing, Fisch und Kartoffeln einschichten, mit der Soße übergießen und Speckscheiben darauf verteilen. Im Backofen ca. 20 Minuten überbacken.

Gabriele Dorn, Stephanstraße, 94034 Passau

Bild Seite 58

Rezept Seite 57

Kartoffel-Bohnen-Auflauf

Zutaten:
700 g fest kochende Kartoffeln
700 g junge grüne Böhnchen
Salz, Pfeffer aus der Mühle
Butter für die Form
ca. 300 g Frühstücksspeck
200 ml Sahne
4 Eier
ca. 150 g Butterkäse, grob gerieben

Zubereitung:
Kartoffeln waschen (ungeschält), nicht zu weich kochen, pellen und in Scheiben schneiden. Die grüne Böhnchen waschen, putzen, in sprudelndem Salzwasser gut 10 Minuten kochen, abgießen, eiskalt abschrecken und abtropfen lassen.

Kartoffelscheiben dachziegelartig in eine gefettete Auflaufform schichten, salzen und pfeffern. (Achtung: Frühstücksspeck ist salzig!) Jeweils ca. 8 Böhnchen zu einem Bündel zusammenfassen und mit einer Scheibe Speck umwickeln. Diese Bündel nebeneinander auf die Kartoffelscheiben legen. Sahne mit Eiern gut verquirlen, mit Salz und Pfeffer würzen und über Bohnen und Kartoffeln gießen.

Auflauf im vorgeheizten Ofen bei 175 Grad etwa 30 Minuten garen. Etwa 10 Minuten vor Ende der Garzeit Käse darüber verteilen und goldgelb schmelzen lassen.

Thomas Huber, Trautmannsried 7a, 93471 Arnbruck

Kartoffel-Champignon-Gratin

Zutaten:

750 g Kartoffeln
½ Stange Lauch
ca. 350 g Champignons oder Egerlinge
200 g Räucherspeck, fein gewürfelt
ca. 100 g geriebener Käse
400 ml Sahne
200 ml Milch
Salz, Pfeffer, Muskatnuss
Schnittlauchröllchen nach Belieben
Fett für die Form

Zubereitung:

Kartoffeln schälen, waschen, in dünne Scheiben schneiden. Lauch waschen und in dünne Ringe schneiden. Champignons putzen und in Scheiben schneiden. Kartoffeln, Lauch und Pilze in Lagen in eine gut gefettete Auflaufform schichten. Obenauf eine Schicht Kartoffeln, einige Pilze, Räucherspeck und Käse verteilen.

Sahne mit Milch und Gewürzen verquirlen und über die Kartoffeln gießen. Gratin bei ca. 180 Grad etwa 50-60 Minuten backen. Vor dem Servieren mit Schnittlauch verzieren.

Traudl Eggert, Deggendorfer Straße 28, 94569 Stephansposching

Kartoffel-Fenchel-Auflauf

Zutaten:
4 mittelgroße Kartoffeln
4 Fenchel
2 Zwiebeln
2 Knoblauchzehen
1 Becher Sahne
etwas Gemüsebrühe nach Bedarf
2 Lorbeerblätter
Salz, Pfeffer
100 g Gouda (mittelalt)
Öl oder Butter

Zubereitung:
Kartoffeln waschen, schälen, Fenchel putzen, Zwiebeln häuten und jeweils achteln. Kartoffeln, Fenchel und Zwiebeln in einer Pfanne in Öl oder Butter goldgelb anschmoren. In Scheiben geschnittenen Knoblauch dazu geben, etwas mitrösten, dann alle Zutaten in eine Auflaufform füllen.

Sahne und, falls nötig, etwas Gemüsebrühe dazu geben, mit Salz, Pfeffer und Lorbeerblättern würzen. Geriebenen Gouda darüber streuen und den Auflauf im vorgeheizten Ofen bei ca. 180-200 Grad etwa 30 Minuten backen.

Andrea Jacob, Holzhausen 19, 82239 Alling

(Foto: Renate Süß, Rittsteiger Straße 15 i, 94036 Passau)

Bild Seite 49

Kartoffelgratin mit Edelpilzkäse

Zutaten:
10-12 mittelgroße Kartoffeln
2 Zwiebeln
ca. 1 TL Salz
weißer Pfeffer aus der Mühle
2-3 EL Butter für die Form
ca. J l Milch
ca. J l Sahne
ca. 150 g Edelpilzkäse
Butterflöckchen

Zubereitung:
Kartoffeln schälen und in dünne Scheiben oder Streifen schneiden oder hobeln. Zwiebeln fein hacken, in etwas Butter glasig dünsten, dann mit Kartoffeln vermengen. Mit Salz und Pfeffer abschmecken.

Mischung in eine gut gefettete Auflaufform füllen. Milch mit Sahne mischen, mit Salz und Pfeffer abschmecken und darüber gießen. Zerkrümelten Edelpilzkäse und Butterflöckchen auf dem Auflauf verteilen.
Auf der mittleren Schiene des vorgeheizten Backofens bei 180-200 Grad etwa 45 Minuten garen.

Bettina Schlesinger-Gruber, Möslberg 6 a, 94110 Wegscheid

Kartoffel-Lachs-Gratin

Zutaten:
750 g fest kochende Kartoffeln
300 g Broccoli
500 g Lachsfilet
200 ml Milch
100 ml Sahne
100 ml Gemüsebrühe
2 EL Zitronensaft
½ TL Curry
1 Prise Muskat
Salz
Pfeffer

Zubereitung:
Kartoffeln schälen, in 1 Zentimeter dicke Scheiben schneiden und 5 Minuten in Salzwasser kochen, danach abgießen. Broccoli in kleine Röschen teilen und ebenfalls in Salzwasser blanchieren, anschließend mit kaltem Wasser abschrecken.
Den Fisch gründlich waschen, salzen, pfeffern und mit Zitronensaft beträufeln.
Milch mit Gemüsebrühe, Sahne, Muskat, Curry, Salz und Pfeffer verrühren.
Die Kartoffelscheiben mit den Fischstücken in eine Auflaufform schichten, Broccoli darüber verteilen und mit der Milchmischung begießen. Im heißen Rohr, ca. 200 Grad, 25 Minuten backen.
Dazu schmeckt gemischter Blattsalat.

Ohne Angabe des Einsenders

Kartoffel-Lauch-Auflauf

Zutaten:

750 g gekochte Kartoffeln
750 g Lauch
250 g gemischtes Hackfleisch
1 Ei
¼ l Buttermilch
Salz, Pfeffer, Muskatnuss
1 große Zwiebel, fein gewürfelt
75 g Magerquark
2 EL Semmelbrösel
50 g Räucherspeck in dünnen Scheiben
1 TL Butter

Zubereitung:

Kartoffeln in dünne Scheiben schneiden, ca. 50 g davon mit einer Gabel zerdrücken. Kartoffelscheiben in eine gefettete Auflaufform schichten. Lauch waschen, in dünne Ringe schneiden und in etwas Butter andünsten. Auf den Kartoffelscheiben verteilen. Ei mit Buttermilch und Gewürzen verrühren, abschmecken und über die Lauch-Kartoffeln gießen.

Hackfleisch mit Zwiebelwürfeln, Quark, den zerdrückten Kartoffeln und den Semmelbröseln vermengen, mit Salz, Pfeffer und Muskatnuss abschmecken. Hackfleischmasse in die Auflaufform geben und mit Speckscheiben belegen. Im vorgeheizten Backofen bei ca. 160 Grad etwa 30-40 Minuten backen.

Marianne Seidl, Viertelweg 25, 94146 Hinterschmiding

Kartoffel-Sauerkraut-Auflauf

Zutaten:

1 kg Kartoffeln
1 mittelgroße Zwiebel
1 Dose Sauerkraut (580 g)
2 EL Öl
ca. ⅛ l Gemüsebrühe
Salz, weißer Pfeffer
Zucker, Edelsüß-Paprika
frisch geriebene Muskatnuss
2 Eigelb
75 g Butterkäse, gerieben
30 g Butter
½ Bund Schnittlauch
ca. 100 g Crème fraîche
Fett für die Form

Zubereitung:

Kartoffeln waschen und in der Schale kochen. Zwiebel fein würfeln, Sauerkraut abtropfen lassen. In einem Topf Öl erhitzen, Zwiebelwürfel und Sauerkraut darin andünsten. Mit der Brühe aufgießen, mit Salz, Pfeffer, Paprika und Zucker würzen und ca. 10 Minuten schmoren lassen.

Die gekochten Kartoffeln pellen und die Hälfte davon durch eine Kartoffelpresse drücken. Eigelb unterrühren, mit Salz, Pfeffer und Muskatnuss kräftig würzen. Die restlichen Kartoffeln in Scheiben schneiden. Eine Auflaufform fetten, die gewürzte Kartoffelmasse hinein geben und glatt streichen. Das gegarte und abgetropfte Sauerkraut darauf verteilen. Mit Kartoffelscheiben dachziegelartig belegen. Geriebenen Käse darüber streuen, Butterflöckchen darauf setzen und den Auflauf im vorgeheizten Backofen bei 180-200 Grad etwa 20 Minuten goldbraun backen.
Auflauf vor dem Servieren mit Crème fraîche und Schnittlauchröllchen verzieren.

Margarete Plettl, Unterkatzendorf 4, 94124 Büchlberg

Kartoffel-Tomaten-Auflauf

Zutaten:

2 große rote Zwiebeln
1 kg Kartoffeln
450 g Tomaten
90 ml Olivenöl
115 g Parmesan
frische Basilikumblätter
50 ml Wasser
Salz
frischer Pfeffer

Zubereitung:

Den Ofen auf 180 Grad vorheizen und eine große Backform kräftig mit Öl ausfetten.

Zwiebeln, Kartoffeln und Tomaten in Scheiben, Kartoffeln in dünne Scheiben schneiden. Eine Schicht Zwiebeln in die Form legen und abwechselnd die Kartoffeln mit den Tomaten einfüllen. Mit etwas Öl beträufeln und mit etwas Käse bestreuen. Salzen und pfeffern. Das Gemüse abwechselnd so einschichten, bis alle Zutaten aufgebraucht sind. Mit einer Kartoffel-Tomaten-Schicht enden. Die Basilikumblättchen zerkleinern und über das Gemüse geben, einige zum Garnieren aufheben.

Das restliche Öl und den Käse über den Auflauf geben.

Das Wasser über das Gericht gießen und im Ofen bei 180-200 Grad etwa 1 Stunde backen, bis die Kartoffeln weich sind.

Gegen Ende der Garzeit nachsehen, ob die Oberfläche zu rasch bräunt, sonst müssen Sie mit Alufolie abdecken.

Das Gericht mit Basilikum garnieren und heiß servieren.

Ohne Angabe des Einsenders

Kräuter-Kartoffelauflauf

Zutaten:
80 g Butter
1 Knoblauchzehe
1 - 1,5 kg neue Kartoffeln
200 g geriebener Emmentaler
Salz oder Kräutersalz, Pfeffer
1 kleine Tasse Schnittlauch, fein geschnitten
1 kleine Tasse Petersilie oder Kräuter nach Geschmack, fein gehackt
ca. 300 ml Sauerrahm
ca. 300 ml süße Sahne

Zubereitung:
Auflaufform mit einer halbierten Knoblauchzehe ausreiben und mit etwas Butter einfetten. Kartoffeln gründlich bürsten (nicht schälen) und in dünne Scheiben schneiden. Sauerrahm mit der zerkleinerten halben Knoblauchzehe und den Kräutern verrühren.

Kartoffelscheiben schichtweise in die Auflaufform legen, jede Schicht salzen und pfeffern. Jeweils etwas Sauerrahm-Kräuter-Mischung darauf streichen und eine geringe Menge Käse darüber streuen. Die letzte Schicht nur mit Käse bestreuen. Sahne angießen und die restliche Butter in Flöckchen darauf setzen. Auflauf im vorgeheizten Ofen bei ca. 180 Grad etwa 60 - 90 Minuten garen. Die oberste Schicht soll goldbraun und die Kartoffeln weich sein. Bei Bedarf etwas Sahne nachgießen. Garprobe machen.

Gisela Fischer, Wührhügel 1, 94110 Wegscheid

Schweizer Kartoffelauflauf

Zutaten:

750 g fest kochende Kartoffeln
4 große Zwiebeln
80 g Butter oder Butterschmalz
500 g Sahnequark
etwas Milch
1 Bund Petersilie
2 EL Majoran
3 Eier
1 Becher saure Sahne
2 Becher süße Sahne
Pfeffer, Salz
Paprika
Cayennepfeffer
250 g geriebener Emmentaler
Butterflöckchen

Zubereitung:

Die gekochten, abgekühlten Kartoffeln pellen und in Scheiben schneiden, nach Belieben leicht salzen und pfeffern und schuppenförmig in eine gefettete Auflaufform schichten.

Zwiebeln häuten und in dünne Ringe schneiden. In Butter oder Butterschmalz hell andünsten, Kräuter waschen, trocken schütteln und zerkleinern. Quark mit etwas Milch glatt rühren und zusammen mit den Kräutern unter die Zwiebelringe mischen. Die Masse über den Kartoffeln verteilen.

Eier mit süßer und saurer Sahne verquirlen, mit den Gewürzen abschmecken und über den Auflauf gießen. Käse und Butterflöckchen darauf verteilen und den Auflauf bei ca. 175 Grad etwa 30 Minuten backen. Sofort zu Tisch geben. Dazu passt grüner Salat.

Gisela Fischer, Wührhügel 1, 94110 Wegscheid

Süßer Kartoffelauflauf mit Aprikosen

Zutaten:
3 Eier, getrennt
½ l Milch
1 Packung Knödel, halb und halb (12 Stück)
600 g frische Aprikosen
oder 1½ Dosen Aprikosenhälften
250 - 300 g Ricotta (ital. Frischkäse)
1 P. Vanillepuddingpulver
200 g Zucker
2 P. Vanillinzucker
Fett für die Form
ca. 50 g Mandelstifte
Puderzucker zum Bestäuben

Zubereitung:
Eiweiß zu steifem Schnee schlagen. Eigelb mit Milch auf 600 ml Flüssigkeit auffüllen, in eine Rührschüssel gießen, Knödelmischung einrühren und 10 Minuten quellen lassen. Aprikosen waschen, entsteinen und vierteln. Dosenaprikosen abtropfen lassen und vierteln.

Ricotta, Puddingpulver, Zucker und Vanillinzucker unter die Knödelmasse rühren. Eischnee unterziehen. Aprikosenviertel unterheben, Teig in eine gefettete Auflaufform geben, glatt streichen und mit den Mandelstiften bestreuen.
Im vorgeheizten Backofen bei 175 Grad etwa 35 - 40 Minuten backen. Vor dem Servieren etwa 5 Minuten abkühlen lassen, dann mit Puderzucker bestäuben.

Marion Robl, Siegmühlweg 10, 94081 Fürstenzell

Topinambur-Auflauf

Zutaten:
750 g Topinambur (Süßkartoffeln)
50 ml Milch
100 ml Sahne
1 EL geriebener Meerrettich
1 Prise Meersalz
schwarzer Pfeffer aus der Mühle
2 EL Ahornsirup
Butterflöckchen
Semmelbrösel oder Sesam nach Belieben

Zubereitung:
Topinambur waschen, mit Schale kochen, pellen und in 1 Zentimeter dicke Scheiben schneiden. In eine gefettete Auflaufform schichten.

Milch mit Sahne, Meerrettich, Salz und Pfeffer verquirlen und über die Topinamburscheiben gießen. Ahornsirup darüber träufeln und Butterflöckchen darauf setzen. Semmelbrösel oder Sesam darüber streuen. Im vorgeheizten Backofen bei ca. 180 Grad etwa 25 Minuten backen.

Pauline Perl, Unterer Marktplatz 5, 94513 Schönberg

Bruckbam

Rezept Seite 76

Pfannen- und Reindlgerichte

Bauernfrühstück

Zutaten:
4-6 frisch gebackene Pfannkuchen
750 g Kartoffeln
80 g Speck, klein gewürfelt
125 g Schinkenwürfel
etwas Petersilie, fein gehackt

Zubereitung:
Kartoffeln waschen, mit der Schale in Salzwasser gar kochen. Die etwas abgekühlten Kartoffeln pellen, erkalten lassen und in kleine Würfel schneiden.

Speck in einer Pfanne auslassen, die Kartoffelwürfel darin kross anbraten, dann bei reduzierter Hitze mit Schinkenwürfeln und Petersilie noch etwas weiter rösten. Kartoffelwürfel auf die frisch gebackenen Pfannkuchen verteilen und diese zusammenklappen.

Das Bauernfrühstück schmeckt als Mittagessen gut mit grünem Salat.

Schwester Elisabeth, Zisterzienserinnenabtei St. Josef, 94136 Thyrnau

Böhmische Kartoffelstangen

Zutaten:
1 kg mehlig kochende Kartoffeln
500 g Topfen
400 g Mehl
3 Eier
100 g Grieben, klein geschnitten
1 fein gehackte, geröstete Zwiebel
Salz, Pfeffer
Fett für das Backblech

Zubereitung:
Kartoffeln kochen, schälen und durchpressen und auf der Arbeitsfläche abkühlen lassen. Topfen, Mehl, Eier, Grieben und Zwiebel dazu geben, salzen und pfeffern und alles rasch zu einem glatten Teig verarbeiten.

In vier Teilen jeweils separat auswalken und in ca. 10 Zentimeter lange und 4 Zentimeter breite Stücke schneiden oder mit dem Teigrädchen teilen. Stangen auf ein gut gefettetes Backlech legen und im vorgeheizten Rohr bei 180 Grad etwa 30 Minuten backen. Warm mit Salat oder Sauerkraut servieren.

Ella Reitberger, Gartenweg 1, 94142 Fürsteneck

Bruckbam

Zutaten:
600 g mehlige Kartoffeln, am Vortag gekocht
ca. 200 g Mehl
etwas Kartoffelmehl nach Bedarf
1 Eigelb
etwas Salz
Fett zum Backen
1-2 Becher Sahne zum Überbacken

Bei pikanter Zubereitung 1 Bund Schnittlauch

Zubereitung:
Die am Vortag gekochten Kartoffeln reiben oder durch die Kartoffelpresse drücken. Mit Eigelb und Mehl bzw. je nach Stärkegehalt der Kartoffeln auch etwas Kartoffelmehl und Salz zu einem Teig verkneten.

Aus dem Teig etwa 20 Zentimeter lange und ca. 3 Zentimeter dicke Stangen („Bam“, Baumstämme) formen. In eine Bratreine mit heißem Fett legen und im vorgeheizten Backofen bei ca. 180 Grad etwa 30 Minuten hellbraun backen. Vor Ende der Garzeit Sahne über die Bruckbam gießen und nochmals kurz überbacken.

Dazu schmecken Apfelmus, Kompott, Sauerkraut und Salat.

Ingrid Süß, Kehrwischinger Straße 21, 94474 Vilshofen/Alkofen

Bild Seite 73

Bunte Kartoffelpfanne

Zutaten:
1 kg kleine Kartoffeln
5 Lauchzwiebeln
250 g Möhren
1 Knoblauchzehe
2 EL Butter oder Öl
1 EL Mehl
Salz
schwarzer Pfeffer aus der Mühle
2 Lorbeerblätter
ca. ⅛ l Gemüsebrühe
Kräuter nach Belieben

Zubereitung:
Kartoffeln schälen, waschen, Lauchzwiebeln und Möhren putzen, waschen und in feine Scheiben schneiden, Knoblauchzehe schälen, fein hacken.

Fett in einer Pfanne erhitzen, Kartoffeln von allen Seiten darin hellbraun anbraten. Mit etwas Mehl bestäuben und mit Salz und Pfeffer würzen. Lauchzwiebeln, Möhren, Knoblauch und Lorbeerblätter zufügen. Alles kurz miteinander schmoren lassen. Brühe zugießen, Pfanne zugedeckt etwa 20 Minuten garen, dann weitere 5 Minuten offen garen, damit die Flüssigkeit verdampft. Vor dem Servieren nochmals mit Salz und Pfeffer oder nach Belieben mit Kräutern abschmecken.

Christine Sulzinger, Gutwiesen 1, 94124 Büchlberg

„Hans Girgerl"

Zutaten:

500 g rohe Kartoffeln
500 g gekochte Kartoffeln (mehlig kochend)
2 Eier
1-2 EL Mehl
3 EL Sahne
Salz
Fett zum Backen

Zubereitung:

Rohe Kartoffeln waschen, schälen und reiben. In einem Sieb etwas abtropfen lassen. Gekochte, durchgepresste oder geriebene Kartoffeln dazu geben. Eier, Mehl, Salz und Sahne unterrühren. Mit einem Löffel kleine Nockerl von der Masse abstechen und in einer Pfanne in heißem Fett ausbacken.

Frieda Heinz, Regener Straße 57, 94513 Schönberg

Heidelbeerdatschi

Zutaten:

500 g rohe Kartoffeln
40 g Grieß
3 Eigelb
3 EL Sauerrahm
Salz
3 Eiklar
ca. 500-750 g Heidelbeeren
Butter für die Form
Zucker zum Bestreuen
Butterflöckchen

Zubereitung:

Kartoffeln waschen, schälen, reiben und in einem Sieb Kartoffelwasser abtropfen lassen. Grieß, Eigelb, Sauerrahm und Salz untermengen.

Eiweiß steif schlagen und unter die Kartoffelmasse heben. Die Masse in eine gut gebutterte große Bratreine geben und die verlesenen, gewaschenen Heidelbeeren darauf verteilen. Mit etwas Zucker bestreuen und mit Butterflöckchen belegen. Im Bratrohr bei ca. 180 Grad etwa 30 Minuten backen. Nach Belieben vor dem Servieren nochmals mit Zucker bestreuen.

Gisela Fischer, Wührhügel 1, 94110 Wegscheid

Herzhafte Kartoffelpfanne

Zutaten:
4 EL Öl (Rapsöl)
1 kg gekochte Kartoffeln
1 Zwiebel, fein gehackt
1 Knoblauchzehe, gehackt
je 1 rote und gelbe Paprikaschote, gewürfelt
1 mittelgroße Zucchini, in Scheiben
200 g Cabanossi, in Scheiben
Salz, Pfeffer aus der Mühle
Petersilie, Schnittlauch

Zubereitung:
Kartoffeln pellen und je nach Größe in Viertel oder Achtel schneiden. Öl in einer Pfanne erhitzen. Kartoffeln, Zwiebel- und Knoblauchwürfel darin etwa 5 Minuten goldgelb braten. Restliches Gemüse und Cabanossi zufügen und unter mehrmaligem Wenden weitere 5 Minuten braten.

Kräuter abbrausen, trocken schütteln, fein schneiden und unterheben. Die Kartoffelpfanne mit Salz und Pfeffer abschmecken.

Alexandra Kapsreiter, Lüfteneck 6, 94127 Neuburg am Inn

Kartoffel-Käse-Datschi

Zutaten:

1 kg frisch gekochte Salzkartoffeln
125 g geriebener Parmesankäse
½ TL gerebelter Salbei
1 Ei
1 Eigelb
2-3 EL gehackte Petersilie
Salz, Pfeffer
80 g Mozzarella
4 EL Semmelbrösel
100 g Butter
oder 4 EL Speiseöl

Zubereitung:

Kartoffeln noch heiß durch eine Kartoffelpresse drücken. Mit Parmesan, Salbei, Ei, Eigelb und Petersilie zu einem glatten Teig verkneten und mit Salz und Pfeffer würzen. Teig zu einer Rolle formen, diese in gleichmäßige Scheiben schneiden.

Mozzarella in Stücke teilen. In jedes Teigstück einen Käsewürfel geben, das Teigstück zu einer Kugel formen, diese etwas flach drücken und in Semmelbröseln wenden. Butter oder Öl erhitzen und die Datschi von beiden Seiten je ca. 5 Minuten goldgelb braten.

Karin Zoidl, Badweg 2, 94051 Hauzenberg

Kartoffel-Pfannkuchen

Zutaten:
100 g kalte, durchgepresste Kartoffeln
70 g weiche Butter
6 Eier, getrennt
35 g Zucker
eine Prise Salz
35 g fein geriebene Mandeln
35 g gewaschene Rosinen
Fett zum Backen
Puderzucker zum Bestäuben
nach Belieben Preiselbeeren oder Kompott

Zubereitung:
Eiweiß zu steifem Schnee schlagen. Eigelb mit Butter, Zucker, Salz und Mandeln verrühren, Karoffeln dazu geben, Eischnee und Rosinen unterheben.

Masse in einer gut gefetteten Pfanne bei mäßiger Hitze zu kleinen Pfannenkuchen backen. Sofort zu Tisch geben und nach Belieben mit Puderzucker bestäuben und dazu Preiselbeeren oder Kompott servieren.

Monika Maier, Fürstensteiner Straße 13a, 94538 Fürstenstein

Kartoffel-Tomaten-Pfanne

Zutaten:
750 g fest kochende Kartoffeln, gekocht
250 g Zwiebeln
1 kg Tomaten
6 EL Olivenöl
Salz, schwarzer Pfeffer aus der Mühle
150 g Emmentaler Käse in Scheiben
1 Bund Schnittlauch

Zubereitung:
Kartoffeln pellen und in nicht zu dünne Scheiben schneiden. Zwiebeln schälen, halbieren und in feine Ringe schneiden. Tomaten kreuzweise einritzen, überbrühen, abschrecken, häuten, entkernen und würfeln.

Öl in einer Pfanne erhitzen, Zwiebelringe darin glasig dünsten und die Kartoffelscheiben zugeben, rundherum anbraten, nach Geschmack salzen und pfeffern. Tomatenwürfel darunter mischen und alles zugedeckt ca. 10 Minuten garen. Dann mit Käsescheiben belegen und diese in der zugedeckten Pfanne etwa 10 Minuten schmelzen lassen.

Schnittlauch waschen, trocken schütteln und in feine Röllchen schneiden. Vor dem Servieren über die Tomatenpfanne streuen.

Roswitha Gscheider, Lindenstraße 8, 94104 Witzmannsberg

Knusprige Räucherspeck-Kartoffeln

Zutaten:
1 kg mittelgroße neue Kartoffeln (ca. 20 Stück)
Salz, Kümmel
300 g Frühstücksspeck
oder sehr dünn geschnittener durchwachsener Räucherspeck
frisch geschroteter Pfeffer
1 TL gehackter Dill
1 TL Schnittlauchröllchen
1 TL gehackte Petersilie

Zubereitung:
Kartoffeln in Salzwasser mit Kümmel garen und pellen. Jede Kartoffel mit einer Speckscheibe umwickeln. In eine Bratreine oder Auflaufform setzen und im heißen Ofen bei 180-200 Grad ca. 15 Minuten knusprig backen. Mit Pfeffer und gehackten Kräutern bestreut servieren.

Dazu schmeckt Kopfsalat mit Radieschen.

Schwester Elisabeth, Zisterzienserinnenabtei St. Josef, 94136 Thyrnau

Reibernudeln mit Apfel

Zutaten:

6-8 rohe Kartoffeln
2-3 gekochte Kartoffeln
etwas Mehl
Salz
2 TL Sauerrahm
1 Apfel
etwas Sauerrahm zum Bestreichen
Butterschmalz zum Backen

Zubereitung:

Rohe Kartoffeln schälen, reiben und auspressen. Gekochte Kartoffeln pellen, reiben und zu den rohen geben. Mit Mehl, Salz und Sauerrahm rasch zu einer nicht zu weichen Masse verarbeiten.

Reichlich zerlassenes Butterschmalz in eine Bratreine geben. Mit einem Esslöffel aus der Kartoffelmasse Nudeln formen und in die Reine setzen. Apfel schälen, in dünne Spalten schneiden und diese zwischen die Nudeln stecken. Im Backofen bei ca. 180 Grad etwa 35 Minuten backen. Nudeln und Apfelspalten 15 Minuten vor Ende der Garzeit mit Sauerrahm bestreichen.

Grete Enzesberger, Am Sonnenhang 15, 94538 Fürstenstein

Sauerkraut-Puffer

Zutaten:
750 g Kartoffeln
250 g Sauerkraut
2 Eier
3 EL Mehl
Salz, Pfeffer
1 TL Kümmel
Butterschmalz zum Backen

Zubereitung:
Kartoffeln waschen, schälen und grob raspeln. Sauerkraut gut ausdrücken und klein schneiden. Kartoffelraspel ebenfalls ausdrücken und mit Sauerkraut, Eiern und Mehl zu einem Teig verarbeiten. Mit Salz, Pfeffer und Kümmel kräftig würzen.

Aus dem Teig mit einem Esslöffel Puffer formen und diese in heißem Butterschmalz knusprig backen.

Martha Maiba, Gärtnerweg 18, 94036 Passau

Schnitzel-Kartoffel-Pfanne

Zutaten:

750 g fest kochende Kartoffeln, gekocht
4 kleine Schweineschnitzel
1 Bund Frühlingszwiebeln, fein geschnitten
3 EL Butterschmalz
je 1 rote und gelbe Paprikaschote
ca. 300 g Tiefkühl-Erbsen
¼ l Fleisch- oder Gemüsebrühe
1 EL Stärkemehl
200 g Sahneschmelzkäse
oder 200 g Sauerrahm
Salz, Pfeffer, Paprika
etwas Schnittlauch, fein geschnitten

Zubereitung:

Schnitzel in dünne Streifen schneiden, Paprikaschoten waschen, putzen und ebenfalls in Streifen schneiden. Etwas Butterschmalz in einer großen, hohen Schmorpfanne erhitzen. Die in Scheiben geschnittenen Kartoffeln darin anbraten, dann aus der Pfanne nehmen und warm stellen.

Zwiebelwürfel in etwas Butterschmalz glasig dünsten, Schnitzelstreifen dazu geben und anbraten. Paprikastreifen zufügen und mitrösten. Mit Brühe aufgießen und bei geschlossenem Deckel fast fertig garen.

Erbsen zufügen, Schmelzkäse oder Sauerrahm und das mit etwas kaltem Wasser angerührte Stärkemehl dazu geben und alles etwa 5 Minuten weiter schmoren lassen. Dann die angebratenen Kartoffeln vorsichtig unter die Schnitzelstreifen mengen und kurz durchziehen lassen. Schnittlauch zugeben und mit Salz, Pfeffer und Paprika abschmecken.

Margit Danner, Niederreutern 10, 94086 Bad Griesbach

Schupfnudeln

Zutaten:

1 kg mehlig kochende Kartoffeln
200 g Mehl
2 Eigelb
Salz
Muskatnuss, frisch gemahlen
Butterfett zum Backen
nach Belieben Zucker und Zimt zum Bestreuen

Zubereitung:

Kartoffeln am Vortag kochen, durchpressen oder reiben. Kartoffeln mit Mehl, Eigelb, Salz und Muskatnuss zu einem glatten Teig verkneten. Diesen zu einer Rolle formen, in kleine Stücke schneiden und zu Schupfnudeln abdrehen. Die Enden der Stücke sollen spitz zulaufen.

Nudeln in kochendes Salzwasser einlegen. Wenn die Nudeln an der Oberfläche schwimmen, noch ca. 1 Minute garen lassen, dann herausheben und abtropfen lassen. In einer Pfanne in heißem Butterfett bräunen. Sofort zu Tisch geben.

Nach Belieben schon in der Pfanne mit Zucker und Zimt bestreuen. Zu süßen Schupfnudeln schmeckt Kompott.

Gudrun Winzig, Fritz-Weid-Straße 48, 94051 Hauzenberg

Überbackene Erdäpfelblattl

Zutaten:

1 kg Kartoffeln
3-4 Zwiebeln
5-7 Knoblauchzehen
ca ½ l Milch
1-2 Becher Sahne
Salz, Pfeffer, Majoran
etwas Öl

Zubereitung:

Zwiebeln und Knoblauchzehen fein hacken und in etwas Öl in einer Pfanne glasig dünsten. Kartoffeln schälen und in dünne Scheiben hobeln. Mit Zwiebeln und Knoblauch vermengen, Milch dazu geben und mit Salz, Pfeffer und Majoran abschmecken.

Die Erdäpfelblattl in eine Bratreine oder Auflaufform geben, sie sollen von Milch bedeckt sein. Im Backofen bei 175 Grad etwa 1 Stunde backen. Nach Bedarf etwas Milch nachgießen. Ca. 15 Minuten vor Ende der Garzeit, wenn die Milch verkocht ist, Sahne darüber gießen und nochmals backen, bis eine hellbraune Kruste entsteht.

Die Erdäpfelbattl schmecken gut zu Salat oder Sauerkraut.

Ilona Markus, Waldeslustweg 21, 94575 Windorf

Frühkartoffeln in Kerbel-Béchamel mit Lachsstreifen Rezept Seite 99

Vollwertige Hauptspeisen

Apfel-Maultaschen

Zutaten:
1 kg mehlig kochende Kartoffeln
ca. 125 g Mehl
1 große Prise Salz
Mehl zum Ausrollen

Füllung:
100 g zerlassene Butter
1 Becher saure Sahne
oder 250 g Magerquark
750 g Äpfel in feinen Scheiben
Rosinen nach Geschmack
3 EL Zucker
3 P. Vanillinzucker
etwas Zimt
ca. ⅛ l heiße Milch
Butter für die Form

Zubereitung:
Pellkartoffeln kochen, pellen, reiben oder durch die Kartoffelpresse drücken. Nach dem Abkühlen mit Mehl und Salz zu einem glatten Teig verkneten. Eine Rolle formen, in ca. 3 Zentimeter dicke Stücke schneiden und diese dünn ausrollen. Jede Scheibe mit Butter, Sahne oder Magerquark bestreichen. Apfelscheiben darauf verteilen, mit Rosinen, Zucker und Zimt bestreuen. Maultaschen aufrollen und in eine gebutterte Auflaufform oder Bratreine setzen. Im vorgeheizten Backofen bei ca. 200 Grad etwa 35 Minuten backen. Wenn die Maultaschen zu bräunen beginnen, heiße Milch und restlichen Zucker darüber geben, dann weiter backen, bis die Milch eingezogen ist.

Petra Kramer, Altstraße 14, 94469 Deggendorf

Blechgrumbeeren

Zutaten:

1,5 kg fest kochende Kartoffeln
40 g Butterschmalz
200 g geräuchertes Wammerl
Salz, Pfeffer
2 EL Majoran
20 g Butter
frische Majoranblättchen zum Bestreuen

Zubereitung:

Kartoffeln waschen, schälen, nochmals waschen und in Würfel von 2 Zentimeter Kantenlänge schneiden. Wammerl fein würfeln. Währenddessen Backofen auf 180-200 Grad vorheizen, Butterschmalz in die Fettpfanne geben und im Ofen erhitzen.

Fettpfanne aus dem Backofen nehmen, Kartoffel- und Fleischwürfel darauf geben und gleichmäßig im heißen Fett verteilen. Mit Majoran, Pfeffer und Salz nach Bedarf (Achtung: Geräuchertes Wammerl ist bereits salzig!) würzen und im Backofen auf der mittleren Schiene braten.

Zwischendurch wenden, nach 20 Minuten Backzeit Butter zufügen. Blechgrumbeeren vor dem Servieren mit frischen Majoranblättchen bestreuen.

Anni Peschl, Rosenstraße 11, 94155 Otterskirchen

Dörrzwetschgen-Tascherl

Zutaten:
1 kg Kartoffeln
250 g Mehl
2 Eier
Salz
Mehl zum Ausrollen

Fülle:
einige Dörrzwetschgen, eingeweicht
oder Pflaumenmus
1 TL Rum
1 Ei
1 TL Wasser
Salzwasser zum Kochen
50 g Butter
50 g Semmelbrösel
50 g Zucker
1 TL gemahlener Zimt

Zubereitung:
Gekochte Pellkartoffeln schälen, durch die Kartoffelpresse geben, erkalten lassen.
Dann Mehl, Eier und Salz dazu geben und alles zu einem glatten Teig verarbeiten.

Den Kartoffelteig auf einer mit Mehl bestreuten Arbeitsfläche ca. 3 Millimeter dick ausrollen und mit einer runden Form (Durchmesser ca. 8 Zentimeter) Plätzchen ausstechen.

Für die Füllung Dörrzwetschgen mit etwas Einweichflüssigkeit und Rum zu Mus verarbeiten oder Pflaumenmus mit Rum verrühren. Jeweils ca. ½-1 TL der Fülle auf ein Teigplätzchen geben. Ei mit Wasser verquirlen, Teigränder damit bestreichen und die Plätzchen zu Halbkreisen zusammenklappen. Ränder andrücken.

Kartoffeltascherl in leicht kochendem Salzwasser etwa 8 Minuten gar ziehen lassen. Mit einem Schaumlöffel herausnehmen, gut abtropfen lassen, warm stellen.

Butter in einer Pfanne zerlassen,
Semmelbrösel hinzufügen und leicht bräunen lassen. Butterbrösel über die angerichteten Tascherl geben. Nach Belieben mit Zimt-Zucker bestreuen und sofort servieren.

Mutter Äbtissin Caritas, Zisterzienserinnenabtei St. Josef, 94136 Thyrnau

Feine Kartoffelrouladen

Zutaten:
1 Paket Kartoffelteig für Kroketten
250 g Hackfleisch
1 Zwiebel, fein gehackt
2 EL Semmelbrösel
1 Ei
2 EL Petersilie, fein gehackt
Salz, Pfeffer
etwas Mehl zum Ausrollen
Öl oder Bratfett zum Backen

Zubereitung:
Kartoffelteig nach Anweisung anrühren und ausquellen lassen.

Währenddessen Hackfleisch mit gehackter Zwiebel, Semmelbröseln, Ei und Petersilie vermengen. Mit Salz und Pfeffer abschmecken.

Krokettenteig gut durchkneten und auf einer mit Mehl bestäubten Arbeitsfläche ca. 1 Zentimeter dick zu einem Rechteck ausrollen. Mit der Hackfleischmasse bestreichen und aufrollen. Von der Roulade 1 Zentimeter dicke Scheiben abschneiden und diese in heißem Öl oder Bratfett von beiden Seiten goldbraun backen.

Salat oder Sauerkraut dazu servieren.

Mutter Äbtissin Caritas, Zisterzienserinnenabtei St. Josef, 94136 Thyrnau

Frühkartoffeln in Kerbel-Béchamel mit Lachsstreifen

Zutaten:
1,5 kg kleine Frühkartoffeln
50 g Butter
50 g Mehl
¼ l Milch oder Sahne
¼ - ½ l klare Brühe
1 Bund Petersilie
1 Töpfchen Kerbel
Salz, weißer Pfeffer
500 g Räucherlachs, in Scheiben geschnitten

Zubereitung:
Kartoffeln unter fließendem Wasser abbürsten, und ca. 15 Minuten dämpfen. Butter in einem Topf erhitzen, Mehl einrühren und darin anschwitzen.
Mit Milch oder Sahne und Brühe unter Rühren ablöschen. Aufkochen und ca. 5 Minuten leicht köcheln lassen. Mit Salz und Pfeffer abschmecken. Ganz fein geschnittene Petersilie zugeben und die Béchamelsoße mit dem Zauberstab pürieren bis sie zart grün geworden ist. Kerbel waschen.
Einige Stiele zum Garnieren zurücklassen. Restliche Blättchen vorsichtig unter die Soße rühren.
Lachsscheiben in Streifen schneiden. Kartoffeln schälen und in eine Form legen. Lachsstreifen darüber geben, die Soße darauf verteilen und mit den Kerbelblättchen garnieren.
Heiß servieren!

Petra Köberl, Drosselweg 2, 94113 Tiefenbach

Bild Seite 93

Goaßbratl

Zutaten:

1 kg Kartoffeln
Fett für die Form
0,5 l saure Sahne
0,5 l Milch
Salz, Pfeffer
4 dünne Streifen Schweinerippchen, geräuchert

Zubereitung:

Kartoffeln schälen, waschen, gut abtropfen lassen und in dünne Scheiben schneiden. Auflaufform oder Bratreine gut fetten, Kartoffelscheiben einschichten. Saure Sahne, etwa die Hälfte der Milch, Pfeffer und Salz gut verquirlen und darüber geben. Die gewaschenen Rippchen flach darauf legen.

Im vorgeheizten Backrohr bei 180-200 Grad etwa 40 Minuten backen. Die restliche Milch nach Bedarf darüber gießen, damit der Braten saftig bleibt.

*Maria Kellnberger,
Friedhofstraße 46,
94474 Pleinting bei
Vilshofen*

Gefüllte Kartoffeln

Zutaten:
ca. 9 mittelgroße Kartoffeln
ca. 750 ml Fleisch- oder Gemüsebrühe
250 g Hackfleisch
1 Ei
1 Zwiebel, fein gewürfelt
Salz, Pfeffer
Muskatnuss, gemahlen
1 EL Petersilie, fein gehackt
etwas Speisewürze nach Geschmack

Zubereitung:
Kartoffeln waschen, schälen, bis auf einen ca. 1 Zentimeter dicken Rand aushöhlen und in eine feuerfeste Form setzen. Mit Brühe angießen und im Backofen bei 180 Grad etwa 15-20 Minuten garen.

Aus Hackfleisch, Ei, fein gehackter Kartoffelmasse (vom Aushöhlen), Zwiebelwürfeln, Gewürzen und Petersilie eine Fülle herstellen. Die vorgegarten Kartoffeln damit füllen, dann weitere 30 Minuten im Rohr backen.

Marianne Gürster, Hundsruck 1, 94539 Grafling

Himmel und Erde

Zutaten:
1 kg Kartoffeln
ca. ¼ l Milch
50 g Butter
500 g Äpfel
Salz, Zucker
Pfeffer
etwas Muskat, gerieben
500 g Blutwurst
2 Zwiebeln
Butter zum Braten

Zubereitung:
Kartoffeln waschen, mit der Schale kochen, pellen und noch heiß durch die Kartoffelpresse drücken. Mit geschmolzener Butter und Milch zu einem Brei verarbeiten.
Äpfel in Viertel schneiden, Kerngehäuse entfernen und die Apfelstücke mit wenig Wasser und Zucker nach Geschmack garen. Durch ein Sieb streichen und mit einem Schneebesen unter die Kartoffelmasse ziehen. Mit Salz, Pfeffer und Muskat abschmecken, dann in einer vorgewärmten Schüssel bergartig anrichten.

Blutwurst in etwa 1 Zentimeter dicke Scheiben schneiden und in heißer Butter von beiden Seiten anbraten. Blutwurstscheiben um den Kartoffel-Apfel-Berg legen. Zwiebeln würfeln oder in Ringe schneiden, in Butter goldgelb rösten und darüber anrichten.

Florian Wendel, Straßdobl 8, 84378 Dietersburg

Hosenknöpf

Zutaten:
1 kg mehlige Kartoffeln
1 große Zwiebel
etwas Fett
2 EL Grieß
2 Eier
ca. ½ TL Salz
etwas Muskatnuss
Pfeffer, Kümmel
2-3 EL gehackte Petersilie
etwas Mehl nach Bedarf
250 g geräuchertes Wammerl, fein gewürfelt, nach Belieben

Zubereitung:
Kartoffeln waschen, schälen, kochen und heiß durch die Kartoffelpresse drücken. Zwiebel fein würfeln, in etwas Fett glasig dünsten. Mit Grieß, Eiern, Gewürzen und Petersilie zur Kartoffelmasse geben. Nach Belieben fein gewürfeltes geräuchertes Wammerl dazu geben. Masse gut durcharbeiten, nach Bedarf etwas Mehl untermengen.

Kartoffelteig auf einer bemehlten Arbeitsfläche zu einer Rolle formen, in ca. 1,5 Zentimeter dicke Scheiben schneiden und diese in heißem Fett von beiden Seiten knusprig braten.

Erika Vilsthaler, Erlenstraße 23, 94086 Bad Griesbach

Kartoffel-Cordon bleu

Zutaten:

800 g mehlig kochende Kartoffeln
ca. 100 g Mehl
3 Eigelb
Salz, Pfeffer, Muskatnuss
150 g Semmelbrösel
4-6 Scheiben Schinken
4-6 Scheiben Käse

Eiweiß zum Bestreichen
Fett zum Backen

Zubereitung:

Kartoffeln am Vortag kochen, pellen, fein reiben oder frisch gekocht durch die Kartoffelpresse drücken und abkühlen lassen. Mit Mehl, Eigelb, Salz, Pfeffer und Muskatnuss zu einem glatten Teig verarbeiten. Auf einer mit Semmelbröseln bestreuten Arbeitsfläche zu einer dicken Rolle formen, diese in 4-6 Stücke teilen.

Teigstücke ca. 0,5 Zentimeter dick zu Rechtecken oder Ovalen ausrollen. Mit Schinken- und Käsescheiben belegen. Ränder mit verquirltem Eiweiß bestreichen, Taschen zusammenklappen, Ränder andrücken.

Kartoffel-Cordon bleu in den restlichen Semmelbröseln wenden, kurz ruhen lassen, dann in einer Pfanne in heißem Fett backen.

Fabienne Orttenburger, Ringstraße 9, 94081 Fürstenzell

Kartoffel-Gemüse-Topf

Zutaten:

500 g Kartoffeln, gewürfelt
1 große Zwiebel, gehackt
2 mittelgroße Auberginen, klein gewürfelt
1 rote und eine gelbe Paprikaschote, entkernt und gehackt
4 kleine Zucchini, gewürfelt
120 g Erbsen
120 g grüne Bohnen
½ TL Kümmel
1TL Paprika
4-5 Tomaten, gehäutet
4 Knoblauchzehen, zerdrückt
350 ml Gemüsebrühe
Salz, Pfeffer
2 EL Petersilie, gehackt
50 ml Olivenöl

Zubereitung:

Den Ofen auf 190 °C vorheizen. 3 EL Öl in einer schweren Pfanne erhitzen und die Zwiebeln darin goldbraun braten. Die Auberginen etwa 3 Minuten sautieren, dann Zucchini, grüne und rote Paprika, Erbsen, Bohnen, Kartoffeln und die Gewürze hinzufügen.
3 Minuten unter Rühren garen. Alles in eine feuerfeste Form geben.

Die frischen Tomaten halbieren, entkernen und hacken und mit Tomaten aus der Dose, Petersilie, Knoblauch und dem restlichen Olivenöl in einer Schüssel vermischen.
Den Fond über die Gemüsemasse gießen. Die Tomatenmischung löffelweise darüber verteilen.
Das Gericht zugedeckt 30-45 Minuten im Ofen backen, bis das Gemüse weich ist.
Sehr heiß servieren!

Ulrike Hirtreiter, St.-Englmar-Straße 10, 94034 Passau

Kartoffel-Gremmel-Maultaschen

Zutaten:
750 g gekochte Kartoffeln
ca. 10 EL Mehl
1 - 2 TL Salz
Schweinegremmeln zum Füllen
Butterschmalz zum Braten

Zubereitung:
Fein geriebene Kartoffeln mit Mehl und Salz zu einem glatten Teig verarbeiten. Auf einer bemehlten Arbeitsfläche ca. 2 messerrückendick ausrollen. Zu Quadraten von ca. 12 Zentimeter Kantenlänge schneiden, mit Gremmeln belegen und aufrollen.
Maultaschen in heißem Butterschmalz auf allen Seiten kurz anbraten, dann in eine Kasserolle oder Bratreine legen und im vorgeheizten Rohr bei 180 Grad ca. 20 Minuten backen.
Dazu reicht man Salat oder Sauerkraut.

Regina Fischl, Schillerstraße 15, 94575 Windorf

Kartoffelgratin mit Körnerkruste

Zutaten:
1 kg mehlig kochende Kartoffeln
4 Knoblauchzehen
Salz, Pfeffer
200 g geriebener Käse
200 ml Sahne
180 ml Milch

Körnerkruste:
50 g Roggen, grob geschrotet
1 TL Kümmel, gemahlen
1 TL Koriander
4 EL Olivenöl
2 TL Thymian
2 TL Majoran
2 EL Petersilie, fein gehackt
Pfeffer, frisch gemahlen
200 ml saure Sahne oder Crème fraîche

Zubereitung:
Kartoffeln waschen, schälen und in dünne Scheiben schneiden. Knoblauch schälen und fein hacken. Die Hälfte der Kartoffelscheiben in einer gut gefetteten Auflaufform verteilen, die Hälfte des Knoblauchs darüber streuen, salzen, pfeffern, mit etwas Käse bestreuen. Den Rest der Kartoffelscheiben und des Knoblauchs in die Form geben, wieder salzen und pfeffern.

Milch mit Sahne verrühren, über die Kartoffelscheiben gießen und diese mit etwas Käse bestreuen. Gratin im vorgeheizten Backofen bei 180 Grad etwa 30 Minuten backen.

Inzwischen für die Kruste Roggenschrot mit Kümmel und Koriander mischen, das Olivenöl in einer Pfanne erhitzen und den Schrot darin unter ständigem Rühren 1-2 Minuten anbraten. Pfanne vom Herd nehmen und den Schrot etwas abkühlen lassen.

Thymian, Majoran, Petersilie und den Rest des Käses unter den Schrot mischen, saure Sahne oder Crème fraîche unterrühren. Die Schrotmischung auf dem vorgegarten Gratin gleichmäßig verteilen. Weitere 15-20 Minuten fertig backen, bis die Kruste goldbraun ist. Die Kartoffelscheiben müssen weich sein, sonst ein paar Minuten Garzeit zugeben.

Roswitha Gscheider, Lindenstraße 8, 94104 Witzmannsberg

Kartoffel-Lasagne

Zutaten:
750 g gekochte Kartoffeln
2 EL Olivenöl
1 kleine Zwiebel, fein gehackt
400 g Hackfleisch, gemischt
1 Dose geschälte Tomaten
Salz, Pfeffer
Majoran, Thymian
30 g Butter
30 g Mehl
ca. ⅜ l Milch
etwas Suppenwürze
ca. 150 g Emmentaler Käse, gerieben

Zubereitung:
Zwiebel in heißem Olivenöl anbraten, Hackfleisch dazu geben und rösten. Tomaten etwas zerkleinern und mit etwas Saft aus der Dose zufügen. Masse köcheln und Flüssigkeit etwas verdampfen lassen. Mit Salz, Pfeffer, Majoran und Thymian würzen.

Für die Bechamelsoße Butter in einem Topf erhitzen, Mehl zufügen, hell anschwitzen und mit Milch aufgießen. Mit dem Schneebesen gut durchrühren, mit Suppenwürze abschmecken.

Kartoffeln pellen und in feine Scheiben schneiden. Eine Auflaufform fetten und schichtweise Kartoffelscheiben, gewürzt mit Salz und Pfeffer, Hackfleischmasse und geriebenen Käse einfüllen. Mit Käse abschließen. Im Backofen bei ca. 180 Grad etwa 35 - 40 Minuten backen.
Anna Schwarz, Hauptstraße 46, 94124 Büchlberg

Kartoffelrouladen

Zutaten:

1 kg Kartoffeln
ca. 350 g Mehl
2 Eier
3 Stangen Lauch
150 g Champignons
etwas Butter
2 EL süße Sahne
etwas Salz, Pfeffer
etwas frisch geriebene Muskatnuss
Bratfolie
Fett zum Backen

Zubereitung:

Kartoffeln am Vortag kochen, schälen, noch heiß durch die Kartoffelpresse drücken. Bis zur Weiterverarbeitung kalt stellen.

Gewaschenen Lauch in feine Ringe, geputzte Champignons blättrig schneiden, in Butter kurz andünsten, Sahne zugeben und mit Salz, Pfeffer und Muskatnuss abschmecken. Einige Minuten bei geringer Hitze köcheln, dann abkühlen lassen.

Kartoffeln, Mehl und Eier zu einem glatten Teig verarbeiten, mit Salz und Muskatnuss würzen. Teig auf einer bemehlten Arbeitsfläche zu zwei je ca. 1 Zentimeter dicken Rechtecken auswellen. Die abgekühlte Lauch-Champignon-Masse darauf verteilen und die Rechtecke von der Längsseite her aufrollen. Jede Roulade in eine Bratfolie legen, die Enden gut zusammenbinden. In eine mit Wasser gefüllte Kasserolle oder feuerfeste Form setzen und zugedeckt im vorgeheizten Backofen bei 160 Grad ca. 30 Minuten garen.

Abgekühlte Rouladen in Scheiben schneiden und in einer Pfanne in etwas heißem Fett auf beiden Seiten goldgelb backen.

Regina Huber, Trautmannsried 7a, 93471 Arnbruck

„Ohrwaschl"

Zutaten:

750 g gekochte Kartoffeln vom Vortag
1 gestr. TL Salz
240 g Mehl
80 g Butter
1 Ei
4-5 EL Rahm

Zubereitung:

Kartoffeln auf das Nudelbrett reiben, salzen, Ei und Mehl nach Bedarf zugeben. Alles gut vermengen und zu einem glatten Teig verarbeiten. Auf der bemehlten Fläche messerrückendick ausrollen und Quadrate von 10 Zentimter Kantenlänge schneiden. Diagonal gegenüberliegende Ecken in die Mitte klappen, so dass sie etwas übereinander liegen. Ecken etwas andrücken.

Zerlassene Butter in die Bratreine geben und die „Ohrwaschl" dachziegelartig in die Reine schichten. Bei 180 Grad ca. 30 Minuten backen. Etwa 10 Minuten vor dem Ende der Garzeit, wenn die „Waschl" goldgelb sind, Ei mit Rahm verquirlen und darüber gießen.

Kompott oder Dickmilch dazu reichen.

Johanna Mühlehner, Rinchnachmündt 10, 94209 Regen

Pikant gefüllte Kartoffeltaschen

Zutaten:
800 g Kartoffeln, am Vortag gekocht
2 Eigelb
ca. 120 g Mehl
Salz, Muskat
eine Handvoll Semmelbröseln

Füllung:
100 g fein geschnittener Schinken
100 g geriebener Käse
Fett oder Olivenöl zum Backen
Kräuter oder Salbeiblätter nach Belieben

Zubereitung:
Am Vortag gekochte Kartoffeln pellen, durchpressen oder fein reiben. Mit Eigelb, Mehl und Gewürzen mischen. Aus dem Teig zwei Rollen formen und diese jeweils in 8 gleiche Teile schneiden. Die Teile auf einer mit Semmelbröseln bestreuten Arbeitsplatte ca. 0,5 Zentimeter dick zu runden oder rechteckigen Fladen ausrollen.

Eine Hälfte der Fladen jeweils mit etwas Schinken und Käse belegen, die Fladen zusammenklappen und die Ränder gut festdrücken, eventuell mit einer bemehlten Gabel.

Fett oder Olivenöl in einer Pfanne erhitzen und Kartoffeltaschen auf beiden Seiten langsam goldgelb braten. Gegen Ende der Garzeit können nach Belieben frische Kräuter oder ein paar Salbeiblätter dazu gegeben werden.
Mit frischem Gartensalat servieren.

Anneliese Lang, Hoffeldweg 19, 94036 Passau

Reibernudeln

Zutaten:

1 kg rohe Kartoffeln
½ kg gekochte Kartoffeln vom Vortag
1 Ei
etwas Salz
1 Becher Sauerrahm
1 klein geschnittener Apfel
Backfett oder Butterschmalz zum Backen

Zubereitung:

Rohe Kartoffeln reiben, etwas ausdrücken, abgesetzte Stärke wieder zugeben. Gekochte Kartoffeln pellen, reiben und zur rohen Kartoffelmasse geben. Ei, Salz, 1-2 Esslöffel Sauerrahm und den klein geschnittenen Apfel dazugeben und alles gut vermengen.

In einer Bratreine Fett zerlaufen lassen. Aus dem Teig mit einem Esslöffel kleine Nudeln formen, diese schön nebeneinander in die Reine setzen, dann obenauf noch etwas Fett geben.

Reibernudeln im Backofen bei ca. 180 Grad etwa 30 Minuten backen. Wenn sie zu bräunen beginnen, mit dem restlichen Sauerrahm bestreichen und weiter backen, bis sie eine schöne Kruste haben.

Petra Schmid, Englburg 15, 94104 Tittling

Rezept Seite 116

Zwetschgenknödel

Zutaten:

1 kg mehlig kochende Kartoffeln
100 g Mehl
50 g Grieß
1 Prise Salz
1 Ei
1 Eigelb
20-24 entsteinte Zwetschgen
20-24 Stück Würfelzucker
etwas Rum
100 g Semmelbrösel
150 g Butter
etwas Zimtzucker

Zubereitung:

Pellkartoffeln kochen, schälen, noch heiß durchpressen und abkühlen lassen. Mit Mehl, Grieß, Salz, Ei und Eigelb zu einem Teig verarbeiten. Eine Rolle daraus formen und diese in 20-24 Stücke teilen.
Die entsteinten Zwetschgen mit je einem Stück Würfelzucker, das kurz zuvor in Rum getaucht wird, füllen. Teigstücke etwas platt drücken, dann mit einer gefüllten Zwetschge belegen und den Teig sorgfältig um die Zwetschgen hüllen.
Die Zwetschgenknödel in leise kochendes Salzwasser legen, nach dem Hochsteigen an die Oberfläche noch etwa 5 Minuten ziehen lassen.
In der Zwischenzeit Brösel in der heißen Butter leicht bräunen. Die gegarten, abgetropften Knödel darin wälzen und mit Zimtzucker bestreut sofort servieren.

Rita Sonnleitner, Rottersham 3, 94099 Ruhstorf a. d. Rott

Bild Seite 115

Rahmkartoffeln

Rezept Seite 132

Fantasievolle Beilagen

Blechkartoffeln mit Kräutern und Käse

Zutaten:
1 kg Kartoffeln
2 Bund Basilikum
100 g Emmentaler
6 EL Olivenöl
Salz, Pfeffer
3-4 Knoblauchzehen
Meersalz zum Bestreuen

Zubereitung:
Kartoffeln unter fließendem Wasser abbürsten, halbieren und mit der Schnittfläche auf eine gebutterte Fettpfanne oder flache Auflaufform legen. Bei 200 Grad im vorgeheizten Backofen 15 Minuten backen. Basilikum waschen, fein hacken und mit dem geriebenen Emmentaler vermischen. Öl zugießen, bis eine zähe Masse entsteht. Mit Salz und Pfeffer würzen. Knoblauch in dünne Scheiben schneiden. Kartoffeln umdrehen und je zwei Scheibchen Knoblauch und einen Teelöffel Käse-Kräuter-Mischung auf jede Kartoffel streichen.
Im Backofen noch mal 10 Minuten backen.
Vor dem Servieren mit groben Meersalz bestreuen.

Ingrid Riedl, Dornröschenstraße, 81739 München

Gnocchi (Kartoffelnockerl)

Zutaten:

500 g mehlige Kartoffeln
ca. 180 g griffiges Mehl
ca. 60 g Kartoffelmehl oder Speisestärke
2 Eigelb
Salz

Zubereitung:

Kartoffeln kochen, pellen, durch die Kartoffelpresse drücken und etwas abkühlen lassen. Mit Mehl, Kartoffelmehl oder Speisestärke, Eigelb und Salz zu einem kompakten, fast elastischen Teig verarbeiten.

Teig mit bemehlten Händen zu ca. 2 Zentimter dicken Rollen formen. Walnussgroße Stücke davon abschneiden, in diese mit bemehlten Fingern eine Mulde drücken. Gnocchi mit einem Tuch bedeckt (am besten über Nacht) ruhen lassen.

Zur Zubereitung in gesalzenes, sprudelnd kochendes Wasser geben. Wenn sie an die Oberfläche steigen, noch kurz gar ziehen lassen.

Dazu serviert die Einsenderin Tomatensoße und Parmesan.
Die Kartoffelnockerl schmecken auch, in Kräuterbutter geschwenkt, mit grünem Salat.

Lavinia Brancaccio, Dr.-Hans-Kapfinger-Straße 13, 93032 Passau

Bild Seite 120

Rezept Seite 119

Kartoffelgratin

Zutaten:
750 g Kartoffeln
150 g Parmesan
oder anderen Hartkäse nach Geschmack
500 g Crème fraîche
3 Eier
Salz, Pfeffer
Fett für die Form

Zubereitung:
Kartoffeln schälen, waschen, in dünne Scheiben schneiden oder hobeln. Eine Auflaufform oder Reine gut fetten, die Kartoffelscheiben dachziegelartig einschichten.

Parmesan reiben, gut die Hälfte davon mit der Crème fraîche und den Eiern verrühren. Mit Salz und Pfeffer würzen und über die Kartoffelscheiben gießen. Den restlichen Käse darüber streuen.

Gratin im vorgeheizten Backofen bei 200 Grad etwa 40-50 Minuten garen.

Roswitha Gscheider, Lindenstraße 8, 94104 Witzmannsberg

Kartoffel-Bandnudeln

Zutaten:
1 kg gekochte Kartoffeln vom Vortag
4 Eier
Salz
500 g Mehl
Butterschmalz zum Backen

Zubereitung:
Gekochte Kartoffeln pellen und auf ein Nudelbrett reiben. In die Mitte eine Vertiefung eindrücken. Mehl, Eier und Salz hinein geben und alles zu einem glatten Teig verkneten.

Teig in kleinen Stücken auswalken, zu fingerlangen Nudeln schneiden und diese in heißem Butterschmalz goldgelb backen.

Johannes Thunig, Graflinger Straße 30, 94469 Deggendorf

Kartoffelschnee

Zutaten:
ca. 1 kg mehlig-fest kochende Kartoffeln
20 g Butter
2 EL Semmelbrösel nach Belieben
Salzwasser zum Dämpfen

Zubereitung:
Gewaschene, rohe Kartoffeln dünn schälen, vierteln und als Salzkartoffeln dämpfen. Nach dem Garen gut abdampfen lassen. Heiße Kartoffeln sofort durch eine Kartoffelpresse in eine vorgewärmte Anrichteschüssel pressen, dabei bergartig anrichten. Nach Belieben mit in Butter leicht gerösteten Semmelbröseln bestreuen.

Kartoffelschnee ist nach Empfehlung der Einsenderin eine sehr leichte und bekömmliche Beilage.

Daniela Lutteroth, Oekotrophologin am Gesundheitsamt Passau

Kartoffeltaler

Zutaten:
500 g gekochte Kartoffeln
1 Ei
1-2 TL Salz
1 Msp Muskatnuss
1 Bund Petersilie, fein gehackt
Mehl zum Wenden
Butterschmalz zum Braten

Zubereitung:
Gekochte, noch heiße Kartoffeln schälen und durch die Kartoffelpresse drücken oder fein zerstampfen. Masse etwas auskühlen lassen, dann mit Ei, Salz, Muskatnuss und Petersilie gut vermengen.

Aus dem Teig eine Rolle formen, davon etwa 2 Zentimeter dicke Scheiben abschneiden. Die Scheiben in Mehl wenden und in heißem Butterschmalz in einer Pfanne goldbraun backen.

Variationsmöglichkeiten: Kartoffeltaler können mit klein geschnittenem Schinken oder mit klein geschnittem Blumenkohl, geraspelten Gelben Rüben oder Erbsen verfeinert werden.

Kartoffeltaler schmecken als Beilage zum Schnitzel, aber auch als Hauptgericht mit Salat und Knoblauchsoße.

Rosmarie Atzinger, Hobelsberg 5, 94143 Grainet

Kräuter-Kartoffeln

Zutaten:

500 g kleine neue Kartoffeln
3 EL Öl
1-2 EL fein gehackte Kräuter,
nach Geschmack italienische oder französische Mischung

Zubereitung:

Kartoffeln waschen und schälen. Fein gehackte Kräuter mit Öl vermengen und in einer gut verschließbaren (Plastik-)Schüssel mit den Kartoffeln mischen. Am besten Deckel gut verschließen und alles gut durchschütteln.

Kräuter-Kartoffeln im vorgeheizten Backofen bei ca. 180-200 Grad etwa 30-45 Minuten (je nach Größe der Kartoffeln) backen.

Die Einsenderin empfiehlt diese Beilage besonders zu Gegrilltem.

Angela Suttner, Barbarastraße 7, 94107 Schaibing

Bild Seite 126

Rezept Seite 125

Kümmel-Kartoffeln

Zutaten:
1 kg (neue) Kartoffeln
reichlich Kümmel
Salz, vorzugsweise aus der Mühle
Olivenöl

Zubereitung:
Kartoffeln waschen, bürsten, ungeschält längs halbieren. Schnittfläche in Kümmel und Salz tauchen. Mit der gewürzten Schnittfläche nach unten und auf ein gut mit Olivenöl beträufeltes Backblech setzen.

Bei 180-200 Grad im vorgeheizten Backofen je nach Größe und Alter der Kartoffeln ca. 30-45 Minuten garen.

Kümmelkartoffeln sind eine gut verdauliche Beilage oder mit Kräuterquark serviert ein vollwertiges Abendessen.

Richard Schüle, 94081 Fürstenzell-Gföhret

Bild Seite 128

Rezept Seite 127

Marsalakartoffeln

Zutaten:

750 g festkochende, kleine Kartoffeln
1 Bund Basilikum
⅛ l trockener Marsala (Sizilianischer Dessertwein), oder trockenen Sherry
4 EL Olivenöl
3 EL Butter
Salz
Pfeffer aus der Mühle

Zubereitung:

Kartoffeln waschen und schälen. In einer großen Pfanne das Olivenöl erhitzen und einen EL Butter darin schmelzen. Kartoffeln nebeneinander hineinlegen und bei milder Hitze 10 Minuten anbraten.

Kartoffeln in der Pfanne wenden, 1 EL Butter in kleinen Flöckchen darüber verteilen, und etwa 5 Minuten weiter braten.

Mit ⅛ l trockenem Marsala ablöschen, kräftig aufkochen. Danach die Temperatur herunterschalten, nochmals 1 EL Butter in die Pfanne geben, Kartoffeln salzen. 20-25 Minuten fertig braten. Knusprige Kartoffeln mit Basilikumblättchen bestreuen, frisch aus der Mühle pfeffern und sofort servieren.

Die gleiche Zubereitungsart passt auch gut zu Gelben Rüben.

Ohne Angabe des Einsenders

Mühlviertler Knödel

Zutaten:

750 g Kartoffeln
ca. 150 g Stärkemehl
ca. 40 g Hartweizengrieß
100 g gekochtes Wammerl, gewürfelt
1 Semmel oder etwas Weißbrot, gewürfelt
Salz

Zubereitung:

Gekochte Kartoffeln noch warm in einer Schüssel zerstampfen oder durch die Presse drücken. Stärkemehl und Grieß dazu geben. Wenn der Teig merklich abgekühlt ist, nach Geschmack etwas salzen und alles gründlich durchkneten.
Leicht gesalzenes Wasser in einem Topf zum Kochen bringen.
Aus dem Teig Knödel formen, dabei Wammerl- und Semmelwürfel großzügig in die Mitte der Knödel geben. Knödel nochmals schön rund nachformen. In das sprudelnde Salzwasser geben. Hitze etwas reduzieren. Wenn die Knödel an der Oberfläche schwimmen noch ca. 10 Minuten ziehen lassen.

Maria Anthofer, Königschaldinger Straße 32, 94036 Passau

Parmesan-Kartoffeln

Zutaten:
750 g mittelgroße Kartoffeln
etwas Butterfett
Salz, Pfeffer aus der Mühle
1 Becher Sahne
ca. 100 g Parmesan-Käse, gerieben

Zubereitung:
Kartoffeln waschen, schälen, der Länge nach vierteln. In einer Reine etwas Butterfett erhitzen, die Kartoffelviertel hinein legen, salzen und pfeffern. Im Backrohr bei ca. 200 Grad hellbraun braten, dann mit Sahne übergießen und weiter braten, bis sie goldbraun sind.

Mit einer Nadel oder einem Stäbchen Garprobe machen. Kurz vor Ende der Garzeit Kartoffeln mit Parmesan bestreuen. Käse schmelzen und etwas bräunen lassen.

Helga Wiesenbauer, Oblfing 26, 94508 Schöllnach

Rahmkartoffeln

Zutaten:

750 g fest kochende Kartoffeln
Salz, Pfeffer
frische Kräuter nach Belieben
2-3 EL Sauerrahm
2-3 EL Sahne

Zubereitung:

Kartoffeln waschen, schälen, vierteln und in Salzwasser garen oder mit der Schale kochen und pellen. Die etwas abgekühlten Kartoffeln in nicht zu dünne Scheiben schneiden. Kräuter waschen, trocken schütteln und fein schneiden.

Sauerrahm mit Sahne in einen Topf geben, miteinander verrühren und erhitzen. Kartoffelscheiben in die Rahmmischung geben, nach Geschmack salzen und pfeffern. Kräuter dazu geben und vorsichtig unterheben. Kartoffeln, falls nötig, noch etwas erwärmen und durchziehen lassen.

Maria Zens, Straubinger Straße 16, 94360 Mitterfels

Bild Seite 117

Kartoffelpuffer (Reibeplätzchen, Rieweblätzjer)

Zutaten:
1 kg rohe, mehlige Kartoffeln
2 EL Sauerrahm nach Belieben
Salz
ca. 30-50 g Kartoffelmehl (nach Stärkegehalt der Kartoffeln)
1 Ei
ca. 100 g Butterschmalz

Zubereitung:
Geschälte Kartoffeln auf einem Reibeisen rasch in eine Schüssel reiben. Falls nötig, Kartoffelwasser abtropfen lassen. Damit sich die Kartoffeln nicht verfärben, können sie sofort mit Sauerrahm vermischt werden. Salz, Kartoffelmehl und Ei zugeben und alles rasch zu einer Teigmasse verarbeiten.

Butterschmalz in einer Pfanne erhitzen. Von der Kartoffelmasse mit einem Esslöffel kleine Plätzchen oder Puffer in die Pfanne geben, mit dem Löffel flach drücken. Je nach Größe der Pfanne können 3-5 Reibeplätzchen auf einmal gebacken werden. Wenn sie auf der Unterseite kross und hellbraun gebacken sind, wenden und ohne Deckel in der Pfanne fertig braten. Sofort auf einer vorgewärmten Platte zu Tisch geben.

Zu diesen Kartoffelpuffern empfiehlt der Einsender Salat, Fruchtsoße, Stippmilch oder Kompott.

Florian Wendel, Straßdobl 8, 84378 Dietersburg

Bild Seite 134

Rezept Seite 133

Saures Kartoffelgemüse

Zutaten:

800 g Kartoffeln
100 g durchwachsener Speck
2 Zwiebeln
200 g Gewürzgurken
1 EL Mehl
ca. ½ l heiße Fleisch- oder Gemüsebrühe
1 EL Kapern
knapp 1 TL abgeriebene Zitronenschale
je ¼ TL Majoran und Thymian
1 Lorbeerblatt
1 TL Salz
2 Msp frisch gemahlener schwarzer Pfeffer
1 EL Weinessig
3 EL gehackte Petersilie

Zubereitung:

Kartoffeln kochen, pellen und in nicht zu dünne Scheiben schneiden. Speck, Zwiebeln und Gewürzgurken in kleine Würfel schneiden. Speck in einer tiefen Pfanne ausbraten, Zwiebelwürfel dazu geben und goldgelb braten. Mehl darüber streuen, unter Rühren anbraten, nach und nach mit heißer Brühe aufgießen. Einige Minuten unter Rühren kochen lassen, Kapern, Zitronenschale, gerebelte Kräuter, Lorbeerblatt, Salz, Pfeffer und Essig zufügen.

Gurkenwürfel und Kartoffelscheiben in der Soße erhitzen. Vorsichtig wenden, damit die Kartoffeln nicht zerfallen oder anbrennen. Vor dem Servieren mit Petersilie bestreuen.

Thekla Putz, Heininger Straße 58, 94036 Passau

„Zaunstecken“

Zutaten:

ca. 750 g gekochte Kartoffeln vom Vortag
1 Ei
Salz, Pfeffer
1 Prise Muskatnuss
etwas Grieß und Mehl nach Bedarf
Fett zum Backen

Zubereitung:

Kartoffeln pellen und fein reiben oder durch die Kartoffelpresse drücken. Ei zufügen, salzen, pfeffern, Muskatnuss frisch gerieben zugeben und die Kartoffelmasse mit Grieß und Mehl nach Bedarf zu einem glatten Teig verarbeiten.

Aus dem Teig eine Rolle formen, kleine Stückchen abschneiden und diese zu ca. 15 Zentimeter langen und 1,5 Zentimeter dicken Röllchen formen. Diese hufeisenförmig biegen und in heißem Fett goldgelb backen.

Die Einsenderin empfiehlt die „Zaunstecken“ als Beilage zu Rostbraten.

Petra Schmid, Englburg 15, 94104 Tittling

Kartoffeltorte

Rezept Seite 154

Gebäck, süß oder pikant

Großmutters Kartoffelbiskuit

Zutaten:

4 Eier, getrennt
200 g Zucker
1 P. Vanillezucker
1 Prise Salz
3 Tropfen Zitronenbacköl
½ TL Zimt
250 g geriebene, gekochte Kartoffeln
125 g Speisestärke
1-2 EL Kakao
65 g gemahlene Mandeln
Fett für die Form

Zubereitung:

Eigelb mit 150 g Zucker und Vanillezucker schaumig rühren. Salz, Zitronenbacköl und Zimt dazu geben und die fein geriebenen Kartoffeln untermengen.

Eiweiß zu steifem Schnee schlagen und den restlichen Zucker einrühren. Eischnee auf die Eigelbmasse geben, das mit Kakao vermischte Stärkemehl und die gemahlenen Mandeln mit dem Eischnee vorsichtig unter die Eigelbcreme ziehen.

Biskuitmasse in eine gefettete Kastenform füllen und bei 175 Grad etwa 1 Stunde backen.

Ohne Angabe des Einsenders

Hüttenbrot

Zutaten:
375 g gekochte Kartoffeln, durchgepresst oder gerieben
1 kg Mehl
2 TL Salz
1 Würfel Hefe
Milch nach Bedarf

Kruste:
1 Eigelb zum Bestreichen
Mohn, Sesam oder grobes Salz zum Bestreuen

Zubereitung:
Aus Mehl, Kartoffeln, Salz, Hefe und Milch einen Hefeteig bereiten. Kartoffel-Hefeteig ca. 30 Minuten an einem warmen Ort gehen lassen. Teig nochmals durcharbeiten, dann etwa 20 Kugeln daraus formen. Diese dicht aneinander kreisförmig auf ein gefettetes oder mit Backpapier belegtes Blech setzen. Nochmals ca. 20 Minuten gehen lassen.

Eigelb mit etwas Salz und Wasser verrühren und die Brote damit bestreichen. Nach Belieben mit Mohn, Sesam oder grobem Salz bestreuen. Bei 200 Grad etwa 30 Minuen backen.

Ohne Angabe des Einsenders

Bild Seite 140

Rezept Seite 139

Kartoffel-Brot

Zutaten:

250 g rohe, geschälte Kartoffeln
20 g Hefe
1 gehäufter EL Salz
1 EL Zucker
ca. 2-3 EL Milch
1 Prise gemahlene Muskatnuss
300 g Weizenmehl, Type 405
1 kleine rohe Kartoffel
2 EL flüssige Butter

Zubereitung:

Geschälte Kartoffeln grob zerteilen, in den Mixer geben und pürieren. Hefe, Salz, Zucker, Milch, Muskat und Mehl in dieser Reihenfolge zugeben und sofort durchmixen, bis eine glatte, weiche Masse entstanden ist. Im Mixerbecher etwa 15-20 Minuten gehen lassen, bis der Teig den Becher füllt. Eine Kastenform dick mit Butter ausstreichen, den Teig einfüllen und nochmals gehen lassen.

Die kleine Kartoffel schälen, fein raspeln, in einem Tuch oder mit Küchenpapier trocken reiben und auf die Teigoberfläche in der Kastenform streichen. Mit der flüssigen Butter beträufeln und im vorgeheizten Ofen bei 180-200 Grad etwa 40 Minuten goldbraun backen. Mit einem Holzstäbchen Garprobe machen.

Claudia Märzendorfer, Wexelbergerstraße 13, 94060 Pocking

Kartoffelgitterkuchen

Zutaten:
375 g Kartoffeln
150 g Butter
250 g Zucker
3 Eier
etwas Zitronensaft
ca. 375 g Mehl
2 TL Backpulver
½ TL Zimt
200 g Nüsse, gemahlen
1 Glas Zwetschgenmarmelade

Zubereitung:
Kartoffeln kochen, noch heiß durch die Kartoffelpresse drücken und abkühlen lassen. Butter mit Zucker schaumig rühren, Eier nach und nach zugeben, Zitronensaft unterrühren. Mehl, Backpulver, Zimt und Nüsse mischen und zur Schaummasse geben. Die abgekühlten Kartoffeln unterrühren.

Zwei Drittel des Teiges auf ein mit Backpapier belegtes Backblech streichen, die Zwetschgenmarmelade darauf verteilen. Restlichen Teig in einen Spritzbeutel füllen und mit großer Tülle gitterförmig auf den Kuchen spritzen. Im vorgeheizten Backofen bei 175 Grad etwa 30 Minuten backen.

Traudl Eggert, Deggendorfer Straße 28, 94569 Stephansposching

Kartoffelkrapfen

Zutaten:
400 g mehlige Kartoffeln
100 ml Milch
20 g Butter
Salz, Pfeffer, Muskat
50 g Mehl
2 Eier
Butterschmalz oder Öl zum Backen
nach Belieben grobes Salz zum Bestreuen

Zubereitung:
Kartoffeln schälen, in Salzwasser kochen, abgießen und abdampfen lassen. Milch mit Butter, Salz, Pfeffer und Muskat aufkochen. Mehl unterrühren und aufkochen lassen, bis ein fester Brei entstanden ist. Eier nach und nach unterrühren.

Kartoffeln durch die Kartoffelpresse drücken und unter den Teig rühren. Von der Masse mit einem Esslöffel Nocken abstechen und im heißen Fett schwimmend goldgelb backen. Auf Küchenkrepp abtropfen lassen und nach Geschmack mit etwas grobem Salz bestreut servieren.

Ohne Angabe des Einsenders

Kartoffellebkuchen

Zutaten:

12 EL gekochte, geriebene oder durchgepresste Kartoffeln
6 kleine Eier
500 g Zucker
250 g gemahlene Haselnüsse
250 g gemahlene Mandeln
100 g geriebene Schokolade
3 EL Rumrosinen
60 g Zitronat, fein gehackt
60 g Orangeat, fein gehackt
3 gestr. EL Zimt
1 TL Nelkenpulver
ca. 20 EL Mehl
1 P. Backpulver
runde Backoblaten
Zucker- oder Schokoladenguss nach Belieben

Zubereitung:

Eier mit Zucker sehr schaumig rühren, dann Nüsse, Mandeln, Schokolade, Rumrosinen, Zitronat, Orangeat, Zimt und Nelkenpulver unterheben. Mehl mit Backpulver vermengen und zusammen mit den abgekühlten Kartoffeln unter die Eimasse rühren. Teig ca. 1 Zentimeter dick auf Oblaten streichen. Bei 180 Grad etwa 20 Minuten backen.

Lebkuchen nach dem Abkühlen mit Zuckerguss oder Schokoladenguss bestreichen.

Thomas Frauenauer, Feldweg 10, 94036 Passau

Kartoffel-Kirsch-Kuchen

Zutaten:

300 g Pellkartoffeln vom Vortag
1 Glas Sauerkirschen ohne Stein
3 Eier, getrennt
250 g Zucker
100 g zarte Haferflocken
3 EL Grieß
1 P. Backpulver
1 Msp Natron
Butter für die Form
Puderzucker

Zubereitung:

Kartoffeln fein reiben. Eigelb mit 150 g Zucker cremig rühren. Kartoffeln, Haferflocken, Grieß, Backpulver und Natron unter die Schaummasse rühren. Eiweiß zu Schnee schlagen und den restlichen Zucker einrieseln lassen. Sehr steif geschlagenen Eischnee unter die Kartoffelmasse heben.

Teig in eine gut gebutterte Springform füllen, die abgetropften Kirschen aus dem Glas darauf verteilen. Auf der untersten Schiene bei ca. 180 Grad etwa 40 Minuten backen. Nach dem Abkühlen mit Puderzucker besieben.

Ella Reitberger, Gartenweg 1, 94142 Fürsteneck

Kartoffel-Nuss-Kuchen

Zutaten:
400 g mehlig kochende Kartoffeln
250 g Butter
200 g Zucker
1 P. Vanillezucker
3 Eier
300 g Mehl
50 g Speisestärke
1 P. Backpulver
ca. ¼ l Milch
200 g gemahlene Haselnüsse
100 g geriebene Schokolade
1 TL Zimt
1 Msp Nelken
Butter und Semmelbrösel für die Form
nach Belieben Puderzucker oder Kuvertüre zum Verzieren

Zubereitung:
Die gekochten, geschälten Kartoffeln noch heiß durch die Kartoffelpresse drücken und erkalten lassen. Butter schaumig schlagen. Abwechselnd Zucker, Vanillezucker und Eier dazu geben und alles zu einer cremigen Masse rühren. Gesiebtes Mehl, Speisestärke und Backpulver mischen und abwechselnd mit der Milch unter die Schaummasse geben. Kartoffeln, Haselnüsse, Schokolade, Zimt und Nelken unter den Teig ziehen. Diesen in eine gut gebutterte und gebröselte Springform füllen und im vorgeheizten Backofen bei 180 Grad ca. 50 Minuten backen. Den erkalteten Kartoffel-Nuss-Kuchen mit Puderzucker bestäuben oder mit Kuvertüre überziehen.

Josef Huber, Trautmannsried 7a, 93471 Arnbruck

Kartoffelstrudel

Zutaten:
250 g Mehl
1 Ei
1 Prise Salz
20 g zerlassene Butter oder
1-2 EL Öl
1 EL Essig
ca. ⅛ l lauwarmes Wasser

Fülle:
250 g gekochte, durchgepresste Kartoffeln
60 g Butter
60 g Zucker
2 Eier, getrennt
Saft und abgeriebene Schale einer unbehandelten Zitrone
50 g gemahlene Mandeln
50 g gehackte Mandeln
50 g Rum-Rosinen
etwas Sahne nach Bedarf
Butter für das Blech und zum Bestreichen

Zubereitung:
Mehl für den Strudelteig auf die Arbeitsfläche geben, eine Mulde eindrücken. Ei, Salz, Butter oder Öl, Essig und Wasser in die Mehlgrube geben und alles zu einem geschmeidigen Teig verarbeiten. Teig kräftig mit der Hand abschlagen, bis er elastisch ist, dann mit etwas Öl bepinseln und 30 Minuten zugedeckt ruhen lassen.

Für die Fülle Butter mit Zucker und Eigelb schaumig rühren,

Zitronensaft und -schale, Mandeln, Rum-Rosinen und die durchgepressten Kartoffeln dazu geben und untermengen. Sahne nach Bedarf zufügen.

Strudelteig auswellen, dann weiter auf die benötigte Größe ausziehen und sofort mit der Kartoffelfülle belegen. Ränder einschlagen, Strudel locker aufrollen und vorsichtig auf ein gefettetes oder mit Backpapier belegtes Blech gleiten lassen. Teigrand soll nach unten zu liegen kommen. Mit Butter bestreichen und im vorgeheizten Backofen bei ca. 200 Grad etwa 30-45 Minuten backen.

Ohne Angabe des Einsenders

Kartoffelstrudel im Mohnmantel

Zutaten:
1 kg Kartoffeln
1 Ei
Kartoffelmehl nach Bedarf, etwa 200 g
1 Prise Salz
1 Glas Zwetschgenmus
60 g Zucker
200 g Mohnsamen
150 g Butter
1 TL Zimt

Zubereitung:
Kartoffeln dämpfen, schälen und sofort heiß durchpressen. Die Kartoffelmasse auskühlen lassen. Ei, Salz und soviel Kartoffelmehl einkneten, dass ein glatter Teig entsteht. Er darf nicht kleben!
Den Teig auf einem Tuch dünn ausrollen und mit Zwetschgenmus bestreichen. Mit dem Tuch zu einem Strudel rollen und diesen im Wasser etwa 15 Minuten garziehen lassen.
Mohn mit Zucker vermischen und den fertigen Strudel darin wälzen.
Butter schmelzen und einen Teelöffel Zimt einrühren.
Den Strudel in Scheiben schneiden, auf Tellern anrichten und mit Zimtbutter übergießen.

Doris Steininger, Möging, 94154 Neukirchen v. Wald

Kartoffelstrudel mit Äpfeln

Zutaten:

300 g gekochte Kartoffeln vom Vortag
250 g Mehl
1 P. Backpulver
125 g Zucker
1 P. Vanillezucker
100 g Butter
2 Eier
750 g Äpfel, geschält und fein geschnitten
75 g Rosinen
75 g Zucker
1 TL Zimt
weiche Butter zum Bestreichen
Puderzucker zum Bestäuben

Zubereitung:

Gekochte Kartoffeln pellen und reiben. Mehl und Backpulver mischen, zu den Kartoffeln geben und locker untermengen. Zucker, Vanillezucker, Butter und Eier dazu geben und alles rasch zu einem glatten Teig verarbeiten. Nach Bedarf noch etwas Mehl zufügen, wenn der Teig zu klebrig ist.

Teig zu einem Rechteck ausrollen (ca. 30 x 40 cm) und mit Äpfeln, Rosinen, Zucker und Zimt bestreuen. Strudel aufrollen, auf ein mit Backpapier belegtes Blech geben und mit weicher Butter bestreichen. Bei ca. 180-200 Grad etwa 25-30 Minuten im Rohr goldbraun backen.

Nach Belieben mit Puderzucker bestäuben und mit heißer Vanillesoße oder Vanilleeis servieren.

Anneliese Schüller, Kroissen 2, 94542 Haarbach

Kartoffeltorte

Zutaten:

375 g mehlig kochende Kartoffeln
4 Eier, getrennt
300 g Zucker
1 P. Bourbonvanillezucker

1 Prise Salz
100 g gemahlene Haselnüsse
150 g Grieß
1 P. Backpulver
Butter für die Form
Schokoladenguss
und gehackte Nüsse zum Verzieren

Zubereitung:

Kartoffeln dämpfen, schälen, durchpressen und abkühlen lassen. Eigelb mit Zucker, Salz und Vanillezucker schaumig schlagen. Weiter rühren und die Kartoffeln nach und nach zufügen. Haselnüsse mit Grieß und Backpulver mischen und ebenfalls zur Schaummasse geben. Zum Schluss das steif geschlagene Eiweiß unter die Teigmasse heben.

Den Teig in eine gut gefettete Springform geben und im vorgeheizten Ofen bei ca. 180 Grad etwa 50 Minuten backen. Mit einem Holzstäbchen oder einer Rouladennadel Garprobe machen. Kartoffeltorte nach dem Abkühlen mit Schokoguss überziehen und mit gehackten Nüssen bestreuen.

Rosmarie Atzinger, Hobelsberg 5, 94143 Grainet

Bild Seite 137

Kartoffel-Zwiebel-Schnecken

Zutaten:
1 kg mehlig kochende Kartoffeln, gekocht
Salz, Pfeffer, Muskatnuss nach Geschmack
2 Eier
ca. 200 g Mehl
80 g Räucherspeck, fein gewürfelt
5-6 mittelgroße Zwiebeln, fein gewürfelt
Salz, Pfeffer, Kümmel
1 Becher Sauerrahm
Fett für die Form
etwas geriebener Käse zum Bestreuen

Zubereitung
Die abgekühlten, gekochten Kartoffeln durchpressen oder reiben und mit Salz, Pfeffer, Muskatnuss, einem Ei und Mehl nach Bedarf zu einem festen Kartoffelteig verarbeiten.
Speckwürfel in einer großen Pfanne glasig anbraten, Zwiebelwürfel dazu geben und hell rösten. Mit Salz, Pfeffer und Kümmel nach Belieben würzen.
Kartoffelteig in zwei Portionen zu Rechtecken ausrollen, diese mit etwas Sauerrahm bestreichen und mit der Zwiebelfülle belegen. An den Längsseiten aufrollen, die Rollen in gut 2 cm breite Scheiben schneiden und diese „Schnecken" in eine gut gefettete Bratreine setzen.
Im vorgeheizten Ofen bei 180 Grad etwa 30 Minuten goldbraun backen. 10 Minuten vor Ende der Garzeit restlichen Sauerrahm mit Ei verquirlen und die Schnecken damit bestreichen. Geriebenen Käse darüber streuen und fertig backen.
Die Schnecken schmecken zu Wein, Bier oder zu Salat.

Irmgard Kindermann, Schauerödstraße 37, 94152 Vornbach

Kümmelweckerl

Zutaten:

400 g gekochte Kartoffeln, gerieben
ca. 1 kg Mehl
4 TL Salz
5 TL gemahlener Kümmel
2 Würfel Hefe
2 TL Zucker
ca. ½ l lauwarme Milch
1 Ei zum Bestreichen
nach Belieben Kümmel und grobes Salz zum Bestreuen

Zubereitung:

Aus Mehl, Kartoffeln, Salz, Kümmel, Hefe, Zucker und Milch mit dem Rührgerät einen geschmeidigen Hefeteig bereiten. Teig an einem warmen Ort gut gehen lassen, dann noch einmal durcharbeiten und mit einem Esslöffel kleine Weckerl abstechen.

Weckerl ausformen, auf ein mit Backpapier belegtes Blech setzen und mit dem verquirlten Ei bestreichen. Mit Kümmel und grobem Salz nach Geschmack bestreuen. Bei 175 Grad etwa 30 Minuten backen.

Ohne Angabe des Einsenders

Marmeladen-Kartoffelhörnchen

Zutaten:

250 g Kartoffeln, am Vortag gekocht
300 g Mehl
1 P. Backpulver
75 g gemahlene Haselnüsse
1 Prise Salz
100 g Zucker
1 P. Vanillezucker
2 Eier
50 g Butter
Mehl zum Ausrollen
Marmelade zum Füllen
1 Eigelb und etwas Milch zum Bestreichen

Zubereitung:

Kartoffeln pellen und fein reiben. Mehl mit Backpulver und Nüssen vermischt auf die Arbeitsfläche geben, Kartoffeln, Salz, Zucker und Vanillezucker dazu geben, Eier und Butterflöckchen in die Mitte geben und alles zu einem glatten Teig verarbeiten. Im Kühlschrank etwa 30 Minuten zugedeckt ruhen lassen.

Teig dann auf einer bemehlten Fläche etwa 0,5 Zentimeter dick zu einer runden Platte ausrollen. Mit einem Teigrädchen oder Messer wie bei einer Torte in ca. 12-16 Stücke teilen. Auf das breite Ende jedes Stückes einen Teelöffel Marmelade setzen und das Teigstück zur Spitze hin zu einem Hörnchen aufrollen. Hörnchen auf ein mit Backpapier belegtes Blech setzen. Eigelb mit Milch verquirlen, Hörnchen damit bestreichen, dann im vorgeheizten Ofen bei ca. 180 Grad etwa 25 Minuten backen.

Ohne Angabe des Einsenders

Schokoladen-Kartoffeltorte

Zutaten:
225 g Butter
225 g Zucker
1 P. Vanillezucker
4 Eier, getrennt
200 g gekochte Kartoffeln, gerieben
225 g Mehl
2 TL Backpulver
125 g gemahlene Haselnüsse
125 g Zartbitterschokolade, geschmolzen
⅛ l Sahne
¼ TL gemahlene Nelken
1 TL Zimt
abgeriebene Schale einer unbehandelten Zitrone
Butter und Brösel für die Form
Schokoladenglasur
Maraschinokirschen

Zubereitung:
Butter mit Zucker und Vanillezucker schaumig rühren. Nach und nach Eigelb dazu geben, dann Kartoffeln, Mehl mit Backpulver vermischt, Nüsse, Schokolade, Sahne, Gewürze und Zitronenschale. Zuletzt das steif geschlagene Eiweiß unterziehen.

Teig in eine gefettete und gebröselte Springform geben und bei 175 Grad gut eine Stunde backen. Abgekühlt mit Schokoladenglasur überziehen und mit Maraschinokirschen verzieren.

Ohne Angabe des Einsenders

Würzige Kartoffeltorte

Zutaten:

600 g mehlige Kartoffeln, am Vortag gekocht
200 g Zucker
8 Eigelb
8 Eiweiß
je 1 Prise Nelken, Zimt, Salz
125 g fein gehackte Walnüsse
Butter für die Form
2 EL gemahlene Mandeln

Guss:

250 g Puderzucker
1 TL Zimt
etwas Zitronensaft

Zubereitung:

Kartoffeln pellen und fein reiben. Zucker mit Eigelb sehr schaumig schlagen und mit der Kartoffelmasse mischen. Walnüsse, Nelken, Zimt und Salz mischen und unterheben. Eiweiß steif schlagen und vorsichtig unter den Teig ziehen.

Eine Springform gut fetten und mit den gemahlenen Mandeln ausstreuen. Teig einfüllen und im vorgeheizten Ofen auf der unteren Schiene bei 180 Grad etwa 1 Stunde backen. Garprobe machen. Torte im Ofen abkühlen lassen.

Für den Guss Puderzucker mit Zimt und etwas Zitronensaft verrühren und die abgekühlte Torte damit überziehen.

Ohne Angabe des Einsenders

Weitere Kochbücher von der Autorin Irmi Hofmann

Überarbeitete Auflage

Schmankerl aus dem Bauernjahr

Schmankerl aus dem Bauernjahr, die schon beim Lesen auf der Zunge zergehen. Bodenständig-urige Rezepte, die Ihre Alltagsküche bereichern und raffiniert-feine Köstlichkeiten, mit denen Sie wie ein „Sternekoch" glänzen können.
160 Seiten, Hardcover, Format 16,5 x 24,
komplett 4-farbig.
€(D) 11,90, €(A) 12,30, sFr 20,50, ISBN 3-89682-975-0

Kuchen und Torten

Was wäre eine gemütliche Kaffeetafel ohne selbst gebackene Kuchen und Torten? Lassen Sie sich anstecken vom Spaß am Backen und Naschen! Mit Leckereien aus diesem Buch wird der Kaffeeklatsch ein Hochgenuss.
160 Seiten, Hardcover, Format 16,5 x 24,
komplett 4-farbig.
€(D) 11,90, €(A) 12,30, sFr 20,50, ISBN 3-89682-972-6

Weihnachtsbäckerei

mit Honig, Zimt und Mandelstern

Weihnachten ohne selbst gebackene Plätzchen und Leckereien ist undenkbar. Wer erinnert sich nicht gerne an seine Lieblingsplätzchen aus Kindertagen, an den süßen Duft, der das Haus durchzieht und der die Weihnachtsstimmung erst richtig aufkommen lässt?
Machen Sie also sich und Ihrer Familie eine Freude mit Irmi Hofmanns „Weihnachtsbäckerei".
160 Seiten, Hardcover, Format 16,5 x 24,6, 8 Farbabb.,
€(D) 11,90, €(A) 12,30, sFr 20,50, ISBN 3-89682-007-9

Überarbeitete Auflage

Mehlspeisen

Die große Liebe der Bayern

Köstlichkeiten aus Kartoffeln, Quark, Früchten, Eiern, Nüssen und Rosinen lassen einem das Wasser im Munde zusammenlaufen. In diesem Kochbuch von Irmi Hofmann ist garantiert für jede Naschkatze etwas Passendes dabei. Lassen Sie sich von der Vielfalt dieser neuen und alt erprobten Rezepte verführen. Sie werden es nicht bereuen.
160 Seiten, Hardcover, Format 16,5 x 24,6, 8 Farbabb.,
€(D) 11,90, €(A) 12,30, sFr 20,50 ISBN 3-89682-023-0